Die Weimarer Republik 4–49

✗ = Vertiefung laut Lehrplan

Die Weimarer Republik

Der Erste Weltkrieg war im Herbst 1918 für Deutschland und seine Verbündeten verloren, das Kaiserreich am Ende. Nicht nur in Berlin – siehe Foto – kam es zu Demonstrationen; auch an anderen Orten in Deutschland machte sich Unzufriedenheit breit. Insbesondere gingen ehemalige Frontsoldaten auf die Straße, die von der Obersten Heeresleitung mit Durchhalteparolen „gefüttert" worden waren. Sie zweifelten am Sinn einer Fortsetzung des Krieges, bei dem so viele ihrer Kameraden ihr Leben lassen mussten. Auch auf die Zivilbevölkerung in der Heimat wirkte die scheinbar plötzlich eingetretene Niederlage wie ein Schock. Für eine ihr versprochene bessere Zukunft hatte sie ebenfalls große Opfer gebracht.

Wie überall in Deutschland entluden sich Enttäuschung und eine allgemeine Kriegsmüdigkeit in den bayerischen Städten schon in den Januarstreiks 1918. Neben einer antipreußischen Haltung bewirkte auch der Autoritätsverlust der bayerischen Monarchie, dass sich Anfang November 1918 das innenpolitische Klima in Bayern zusehends verschärfte. Nach einer großen Friedenskundgebung auf der Münchner Theresienwiese am 7. November 1918 verkündete ein „provisorischer Arbeiter-, Soldaten- und Bauernrat" in der Nacht zum 8. November 1918 den Sturz der bayerischen Monarchie und erklärte Bayern zum „Freistaat", wie das nebenstehende Plakat zeigt.

– Welche politischen Kräfte standen sich in Deutschland in dieser Phase des Umbruchs gegenüber?
– Wie entstand die „Weimarer Republik"?
– Welche politischen Belastungen und Leistungen kennzeichneten die junge Demokratie?

Bild oben: **Revolutionäre Demonstranten vor dem Brandenburger Tor in Berlin,** Foto, 9. November 1918

Kleine Abbildung: **Plakat zur Ausrufung des Regierungssturzes vom 8. November 1918 in Bayern**

Arbeiter! Soldaten! Bauern!

An alle! An alle!

Die Regierung ist gestürzt!

Die alten Machthaber sind geflohen!

Die Beauftragten des Volkes haben die öffentliche Gewalt in ihre Hände genommen.

Baiern ist Freistaat!

Das deutsche Volk hat auf der ganzen Linie gesiegt!

Der Präsident der Vereinigten Staaten Amerika sichert uns einen Frieden der Versöhnung und Verständigung zu, ohne Annektionen und Entschädigungen.

Der Weltfriede ist somit für die Zukunft gesichert.

Das französische und englische Volk beglückwünscht bereits das deutsche Volk zum Sturze seines Imperialismus.

Die englische Flotte hat die rote Fahne gehißt!

Werktätige aller Berufe und Stände! Arbeiter, Soldaten und Bauern!

Damit ist die Periode des Militarismus endgültig beendet.

Der allgemeinen Abrüstung steht hinfort kein Hindernis mehr im Wege.

Die Weltrevolution marschiert!

Die **Geheimdiplomatie** ist abgeschafft. Indem sich in Zukunft die Völker in aller Offenheit selbst regieren, herrscht nunmehr das Recht.

Der Kapitalismus gehört von jetzt ab einer überwundenen Zeit an.

Jeder Werktätige erhält gerechte Entlohnung.

Die Republik garantiert jedem Arbeit und Brot.

1 Beschreibt die beiden Quellen und setzt sie in Bezug zueinander. Nehmt den Darstellungstext und die Hinweise zur Frakturschrift S. 49 zu Hilfe.

2 Diskutiert über die Frage, welche Bedeutung die Niederlage für die politische Entwicklung gehabt haben könnte.

„Es lebe die deutsche Republik!“ – aber welche?

Die Revolution beginnt

Mit den „Gesetzen zur Abänderung der Reichsverfassung“ vom 28. Oktober 1918 wurde die Einführung der parlamentarischen Monarchie im Nachhinein durch eine Verfassungsänderung legalisiert. Der Reichskanzler, seit dem 2. Oktober Prinz Max von Baden, benötigte nun das Vertrauen des Reichstages und war ihm verantwortlich. Mit diesen politischen Reformen verstärkten sich im Herbst 1918 in der Bevölkerung die Forderungen, schnell zu einem Waffenstillstand zu kommen und den Krieg zu beenden.

Als sich am 28. Oktober 1918 in Wilhelmshaven Soldaten der deutschen Kriegsflotte weigerten, zu weiteren Einsätzen auszulaufen, gaben sie damit das Signal für die folgenden Matrosenaufstände und Streiks. „Sämtliche Linienschiffe und Panzerkreuzer meutern, ... der Friede muss bald kommen. Sonst machen wir ihn uns selber. Die Marine macht nicht mehr mit – wenn nur die Armee und das Volk bald folgt“, schrieb ein Marinesoldat am 31. Oktober 1918 in einem Brief nach Hause.

Die Proteste breiteten sich in kürzester Zeit und ohne nennenswerten Widerstand in ganz Deutschland aus und führten zur spontanen Bildung von Arbeiter- und Soldatenräten, die einen deutlichen Bruch mit der „alten Ordnung“ forderten. Ein Teil dieser Massenbewegung wollte eine Räterepublik errichten, eine Art direkte Demokratie, in der die Räte über die Regierung und Gesetzgebung bestimmen sollten. Diese Rätebewegung stand in einem Gegensatz zur parlamentarischen Regierung auf Reichsebene.

Die Revolution eindämmen oder weitertreiben?

Am 9. November 1918 wurde als Übergangsregierung der „Rat der Volksbeauftragten“ aus je drei Politikern der (Mehrheits-)SPD und der USPD, die sich Anfang 1917 von der SPD abgespalten hatte, unter der gemeinsamen Leitung von Friedrich Ebert (MSPD) und Hugo Haase (USPD) gebildet.

Am selben Tage floh Kaiser Wilhelm II. in die neutralen Niederlande. Anders als Teile der USPD war die MSPD-Führung zur Zusammenarbeit mit bürgerlichen Kräften und Vertretern der „alten Ordnung“ bereit. Die bevorstehende Unterzeichnung der Waffenstillstandsbedingungen und die Rückführung des Heeres in die Heimat ließen diese Zusammenarbeit als unabdingbar erscheinen, denn sowohl in der Heeresleitung als auch in der MSPD-Führung gab es Befürchtungen vor einer weiteren Radikalisierung der Revolutionsbewegung. Eine grundlegende Verständigung mit der Obersten Heeresleitung erzielte Friedrich Ebert am 10. November 1918 bei einem Telefongespräch mit General Groener.

Die „Eindämmung“ der Revolution durch die gemäßigte sozialdemokratische Führung rief mehrfach Reaktionen radikaler Kräfte hervor, die mithilfe von regulären Heereseinheiten und Freiwilligen-Verbänden (Freikorps) niedergeschlagen wurden. Die Gegensätze innerhalb der deutschen Arbeiterbewegung, die schon während des Krieges deutlich geworden waren, traten jetzt unübersehbar hervor:

– mit dem radikalen Spartakusbund (um Karl Liebknecht und Rosa Luxemburg), der jedoch nur eine kleine Minderheit vertrat,

– mit der USPD, die die Revolution auf der Basis der Arbeiter- und Soldatenräte mit dem Ziel einer Räterepublik weitertreiben wollte, und

– mit der MSPD, deren politische Zielvorstellung eine parlamentarische Demokratie war.

M1 **Die Ausrufung der Republik vor dem Reichstag durch Philipp Scheidemann (SPD),** Foto, 9. November 1918

M2 Die Ausrufung der Republik

Am 9. November 1918 gegen 14 Uhr sprach der sozialdemokratische Politiker Philipp Scheidemann (1865–1939), Reichstagsabgeordneter und Staatssekretär in der Regierung Max von Baden, zu einer Menschenmenge vor dem Reichstag:

2A Arbeiter und Soldaten!
Furchtbar waren die vier Kriegsjahre, grauenhaft waren die Opfer, die das Volk an Gut und Blut hat bringen müssen. Der unglückselige Krieg ist zu Ende. Das Morden ist vorbei … Der Kaiser hat abgedankt. Er und seine Freunde sind verschwunden. Über sie alle hat das Volk auf der ganzen Linie gesiegt! Der Prinz Max von Baden hat sein Reichskanzleramt dem Abgeordneten Ebert übergeben. Unser Freund wird eine Arbeiterregierung bilden, der alle sozialistischen Parteien angehören werden. Die neue Regierung darf nicht gestört werden in ihrer Arbeit für den Frieden, in der Sorge um Brot und Arbeit … Arbeiter und Soldaten! Seid euch der geschichtlichen Bedeutung dieses Tages bewusst … Seid einig und pflichtbewusst! Das Alte und Morsche, die Monarchie, ist zusammengebrochen. Es lebe das Neue! Es lebe die deutsche Republik!

Am 9. November 1918 gegen 16 Uhr hielt Karl Liebknecht, der Führer des Spartakusbundes, bei einer Massenversammlung vor dem Berliner Schloss eine Rede:

2B Der Tag der Revolution ist gekommen. Wir haben den Frieden erzwungen. Der Friede ist in diesem Augenblick geschlossen. Das Alte ist nicht mehr. Die Herrschaft der Hohenzollern, die in diesem Schloss jahrhundertelang gewohnt haben, ist vorüber … Parteigenossen, ich proklamiere die freie sozialistische Republik Deutschland, die alle Stämme umfassen soll, in der es keine Knechte mehr geben wird, in der jeder ehrliche Arbeiter den ehrlichen Lohn seiner Arbeit finden wird … Wir müssen alle Kräfte anspannen, um die Regierung der Arbeiter und Soldaten aufzubauen und eine neue staatliche Ordnung des Proletariats zu schaffen, eine Ordnung des Friedens, des Glücks und der Freiheit unserer deutschen Brüder und unserer Brüder in der ganzen Welt. Wir reichen ihnen die Hände und rufen sie zur Vollendung der Weltrevolution auf.

M2A und M2B zit. nach Geschichte in Quellen, Bd. 6, bearb. v. Günter Schönbrunn, 3. Aufl., München (bsv) 1979, S. 114 f.

2. Extraausgabe Sonnabend, den 9. November 1918.

Vorwärts

Berliner Volksblatt.

Zentralorgan der sozialdemokratischen Partei Deutschlands.

Der Kaiser hat abgedankt!

Der Reichskanzler hat folgenden Erlaß herausgegeben:

Seine Majestät der Kaiser und König haben sich entschlossen, dem Throne zu entsagen.

Der Reichskanzler bleibt noch so lange im Amte, bis die mit der Abdankung Seiner Majestät, dem Thronverzichte Seiner Kaiserlichen und Königlichen Hoheit des Kronprinzen des Deutschen Reichs und von Preußen und der Einsetzung der Regentschaft verbundenen Fragen geregelt sind. Er beabsichtigt, dem Regenten die Ernennung des Abgeordneten Ebert zum Reichskanzler und die Vorlage eines Gesetzentwurfs wegen der Ausschreibung allgemeiner Wahlen für eine verfassungsgebende deutsche Nationalversammlung vorzuschlagen, der es obliegen würde, die künftige Staatsform des deutschen Volk, einschließlich der Volksteile, die ihren Eintritt in die Reichsgrenzen wünschen sollten, endgültig festzustellen.

Berlin, den 9. November 1918. Der Reichskanzler.
Prinz Max von Baden.

Es wird nicht geschossen!

Der Reichskanzler hat angeordnet, daß seitens des Militärs von der Waffe kein Gebrauch gemacht werde.

Parteigenossen! Arbeiter! Soldaten!

Soeben sind das Alexanderregiment und die vierten Jäger geschlossen zum Volke übergegangen. Der sozialdemokratische Reichstagsabgeordnete Wels u. a. haben zu den Truppen gesprochen. Offiziere haben sich den Soldaten angeschlossen.

Der sozialdemokratische Arbeiter- und Soldatenrat.

M3 Aus dem Extrablatt der SPD vom 9. 11. 1918

1. Beschreibe mithilfe des Darstellungstextes, M1 und M3 die politische Situation am 9. November 1918 und die Vorstellungen über die künftige politische Ordnung.
2. Stelle fest, welcher Weg für die künftige staatliche Ordnung Deutschlands in dem Extrablatt der SPD (M3) angesprochen wird. Nimm die Hinweise zur Frakturschrift auf S. 49 zu Hilfe.
3. Schreibe auf der Grundlage von M2A und M2B einen Dialog zwischen Philipp Scheidemann und Karl Liebknecht zu ihren Auffassungen und Zielen von einer künftigen Republik.

M4 SPD gegen USPD: Demokratie – aber wie?

Aus einem Schreiben des SPD-Vorstandes an den Vorstand der Unabhängigen Sozialdemokraten (USPD) vom 9. November 1918, 20.30 Uhr:

Sie [die USPD] fordern:

1. Deutschland soll eine sozialistische Republik sein. Antwort: Diese Forderung ist das Ziel unserer eigenen Politik. Indessen hat darüber das Volk durch die konstituierende Versammlung zu entscheiden.
2. In dieser Republik soll die ... exekutive, legislative und ... jurisdiktionelle Macht ausschließlich in den Händen von gewählten Vertrauensmännern der ... werktätigen Bevölkerung und der Soldaten sein. Antwort: Ist [damit] die Diktatur eines Teils einer Klasse gemeint, hinter dem nicht die Volksmehrheit steht, so müssen wir diese Forderung ablehnen, weil sie unseren demokratischen Grundsätzen widerspricht.
3. Ausschluss aller bürgerlichen Mitglieder aus der Regierung. Antwort: Diese Forderung müssen wir ablehnen, weil ihre Erfüllung die Volksernährung erheblich gefährden, wenn nicht unmöglich machen würde.

Zit. nach Geschichte in Quellen, Bd. 6, bearb. v. Günter Schönbrunn, 3. Aufl., München (bsv) 1979, S. 115.

Die revolutionären Ereignisse 1918/19

24.–28. 10. Änderung der Reichsverfassung: Der Reichskanzler ist nicht mehr vom Vertrauen des Kaisers, sondern von einer Mehrheit des Parlaments abhängig (Parlamentarisierung).
28. 10. Beginn des Aufstandes von Matrosen der deutschen Kriegsflotte.
9. 11. Zweimalige Ausrufung der Republik; Bildung des Rates der Volksbeauftragten (SPD/USPD).
15. 11. Gewerkschaften als Vertreter der Arbeitnehmer offiziell anerkannt.
16.–20. 12. Versammlung der Arbeiter- und Soldatenräte (siehe Lexikon) auf dem Reichsrätekongress: Der Kongress entscheidet sich mit großer Mehrheit für die Wahl einer verfassunggebenden Nationalversammlung.
29. 12. USPD-Mitglieder scheiden aus dem Rat der Volksbeauftragten aus.
30. 12. Gründung der Kommunistischen Partei (KPD) in der Nachfolge des Spartakusbundes.
5.–16. 1. Von der Reichsregierung unter Befehl genommene Freikorpstruppen schlagen einen bewaffneten Aufstand von KPD- und USPD-Anhängern in Berlin nieder. Die KPD-Führer Rosa Luxemburg und Karl Liebknecht werden von Freikorpsmitgliedern ermordet (15. 1.).
19. 1. Wahlen zur Nationalversammlung.

Friedrich Ebert

Friedrich Ebert (1871–1925) war das neunte Kind einer Schneidermeisterfamilie. Nach seiner Ausbildung zum Sattler engagierte er sich in der SPD, wurde Redakteur und war seit 1912 Reichstagsabgeordneter. 1913 wurde Ebert zum SPD-Parteivorsitzenden gewählt.
Am 9. November 1918 übernahm er das Amt des Reichskanzlers. Von Februar 1919 bis zu seinem Tode am 28. Februar 1925 war Ebert Reichspräsident der Weimarer Republik.

Rosa Luxemburg

Rosa Luxemburg (1871–1919) wurde als Tochter einer jüdischen Kaufmannsfamilie in Polen geboren. Sie studierte Nationalökonomie und engagierte sich schon früh in der Arbeiterbewegung Polens. 1897 ging sie nach Deutschland, wo sie als Theoretikerin des linken SPD-Flügels 1917 mit Karl Liebknecht den Spartakusbund gründete und eine radikal-sozialistische Politik vertrat. Am 15. 1. 1919 wurden Luxemburg und Liebknecht von rechtsradikalen Freikorpsoffizieren ermordet.

M5 Eine „gebremste" Revolution?

Aus der Rede Rosa Luxemburgs auf dem Gründungsparteitag der KPD am 31. Dezember 1918:

Was kann charakteristischer sein für die innere Schwäche des 9. November als ihr erstes Ergebnis, dass an die Spitze der Bewegung Elemente getreten sind, die zwei Stunden vor Ausbruch der Revolution ihr Amt darin erblickt haben, gegen sie zu hetzen, ... sie unmöglich zu machen: die Regierung Ebert-Scheidemann mit Haase! Die Idee der Vereinigung der verschiedenen sozialistischen Strömungen unter dem allgemeinen Jubel der Einigkeit, das war das Motto der Revolution vom 9. November – eine Illusion ...

Nur dadurch kann man den Sieg der proletarischen Revolution herbeiführen, dass man ... anfängt, die Regierung Ebert-Scheidemann zu unterminieren durch einen sozialen, revolutionären Massenkampf des Proletariats ... Ich habe Ihnen darzulegen versucht, dass die Revolution des 9. November vor allem eine politische Revolution war, während sie doch in der Hauptsache noch eine ökonomische werden muss. Sie war aber auch nur eine städtische Revolution, das flache Land ist bis jetzt so gut wie unberührt geblieben. Es wäre ein Wahn, den Sozialismus ohne Landwirtschaft zu verwirklichen.

Rosa Luxemburg, Schriften zur Theorie der Spontaneität, hg. v. Susanne Hillmann, Reinbek (Rowohlt) 1970, S. 195 ff.

M7 Die weiblichen Abgeordneten der MSPD-Fraktion bei einer Kaffeepause, Foto, 1919. Von insgesamt 310 Frauen, die sich 1919 zur Wahl stellten, wurden 41 in den Reichstag gewählt (etwa 9 Prozent aller Abgeordneten; dieser Anteil wurde bis 1932 nicht wieder erreicht).

Grundwissen

1918: Novemberrevolution

Umsturz der politischen Machtverhältnisse in Deutschland am 9. November 1918 und in den folgenden Wochen: Sturz der Monarchie, Ausrufung der Republik, Zurückdrängen des Rätesystems zugunsten einer parlamentarischen Demokratie.

M6 Die Sicht einer MSPD-Politikerin

Aus der Rede von Marie Juchacz (MSPD) vor der Nationalversammlung, der ersten Parlamentsrede einer Frau in Deutschland (1919):

Die Frauen besitzen heute das ihnen zustehende Recht der Staatsbürgerinnen ... Durch die politische Gleichstellung ist nun meinem Geschlecht die Möglichkeit gegeben zur vollen Entfaltung seiner Kräfte ... Der politische Kampf, der immer bestehen bleiben wird, wird sich von nun an in anderen Formen abspielen. Innerhalb des durch Weltanschauung und selbst gewählte Parteigruppierung gezogenen Rahmens haben wir Frauen nunmehr Gelegenheit, unsere Kräfte auswirken zu lassen.

Die Gleichheit, 14. 3. 1919, S. 89 ff. Zit. nach Karen Hagemann, Frauenalltag und Männerpolitik, Bonn (Dietz) 1990, S. 530.

4 Analysiere M4 unter der Fragestellung, welche Auffassung von Demokratie bei SPD und USPD jeweils vorherrschte. Nimm den Kasten S. 17 zu Hilfe.

5 Erarbeite, welche Grundauffassungen einer künftigen politischen Ordnung zwischen November 1918 und Januar 1919 sich gegenüberstanden (Darstellungstext, M5, Kästen). Verwende die Begriffe „parlamentarische Republik" und „Räterepublik".

6 Beurteile die These Luxemburgs von der „innere(n) Schwäche des 9. November" (M5, Z. 1/2). Vergleiche mit M6.

7 Stelle fest, inwiefern M7 eine ungewöhnliche Bildquelle darstellt. Ziehe M6 heran.

8 Erkundet in Gruppen, wie sich in eurem Wohn- bzw. Schulort die Lage im November 1918 darstellte (Museum, Stadtarchiv).

Politische Plakate untersuchen

Plakate – Mittel politischer Werbung

Ein Plakat ist ein öffentlich angebrachter Anschlag mit werbender Absicht. Die Zuordnung von Bild und Text sowie seine Gestaltung sind so angelegt, dass das Dargestellte auffällig, schnell zu erfassen und zu verstehen ist und möglichst lange in der Erinnerung haftenbleibt. Mit der Verbreitung des Buchdrucks seit dem 16. Jahrhundert wurden öffentliche Anschläge als Mitteilungen üblich. Neue Druck- und Gestaltungstechniken ermöglichten im 19. Jahrhundert eine vielfältige Verwendung, allerdings unterlag die politische – anders als die kommerzielle – Plakatwerbung bis zum Ende des Ersten Weltkriegs Einschränkungen und Verboten (politische Zensur). Die große Zeit der politischen Plakate begann in Deutschland in der Weimarer Republik, bedingt vor allem durch das Grundrecht auf Meinungsfreiheit und freie künstlerische Entfaltungsmöglichkeiten.

Die Wahlen zur Nationalversammlung 1919

Im Januar 1919 schien der Machtkampf um das politische System in Deutschland zugunsten einer parlamentarischen Demokratie entschieden. Die Wahl zur konstituierenden (verfassunggebenden) Versammlung wurde auf den 19. Januar 1919 festgesetzt. Mit der Herabsetzung des Wahlalters von 25 auf 20 Jahre und der Einführung des Frauenwahlrechts erhöhte sich die Zahl der Wahlberechtigten von 13,8 Mio. (1912) auf 36,8 Mio. (1919) Deutsche. Die Plakate auf dieser Doppelseite stammen aus dem Wahlkampf von 1919.

Arbeitsschritte

Politische Plakate untersuchen

1. Schritt: Erste Eindrücke und Informationen festhalten
Was fällt unmittelbar auf? Wer ist der „Autor" (Zeichner), wer der Auftraggeber?

2. Schritt: Einzelne Elemente analysieren
Welche Details sind zu erkennen? Welche besonderen Merkmale enthält die Darstellung (Farben, Größe, Proportionen, Statik, Dynamik)? Lassen sich Symbole, Stereotypen, bildhafte Vergleiche finden? In welchem Verhältnis stehen Bild und Text? Welcher Texttyp liegt vor, welche Schriftarten? Wie sind die Beziehungen der Elemente zueinander (z. B. Fotomontage, Collage)?

3. Schritt: Eine Gesamtaussage formulieren und kritisch bewerten
Welcher Gesamteindruck ergibt sich? Wie lässt sich die Analyse zusammenfassen? Welche vermutliche Wirkung soll erzielt werden (z. B. informierend, argumentierend, appellierend)? Wie lässt sich das Plakat in den historischen Zusammenhang einordnen?

M1 Wahlplakat der Regierung, Januar 1919

M2 Wahlplakat, Januar 1919

M4 Wahlplakat, Januar 1919

1 Analysiert in Partner- oder Gruppenarbeit M1 bis M5 mithilfe der Arbeitsschritte und stellt eure Ergebnisse der Klasse vor.

2 Übe deine Kenntnisse zur Plakatanalyse am Beispiel eines Wahlplakates aus unserer Gegenwart. Ortsverbände der Parteien sind bei der Suche sicher gerne behilflich.

M3 Wahlplakat, Januar 1919

M5 Wahlplakat, Januar 1919

Die Revolution in Bayern

Umsturz und Regierung Eisner

Während des Krieges war auch in Bayern der Unmut in der Bevölkerung gewachsen. Die Ursachen für die Unruhen waren dieselben wie im gesamten Reich. Vor allem die allgemeine Unzufriedenheit mit der schlechten wirtschaftlichen Situation, die in erster Linie durch die Kriegslasten begründet war, führte zu einer kritischen Haltung gegenüber der politischen Führung. Ein besonderer Grund verschärfte die Lage in Bayern: Das starke Eigenbewusstsein hatte während des gesamten Kaiserreichs unter dem preußischen Führungsanspruch gelitten. Die Misserfolge im Krieg boten jetzt die Gelegenheit, den Niedergang Deutschlands einem „preußischen Cäsarenwahn" zuzuschreiben und die Veränderung des politischen Systems zu fordern.

Schon Anfang 1918 war es immer wieder zu Streiks gekommen, bevor am 7. November im Anschluss an eine Massenkundgebung sozialistischer Kräfte auf der Münchner Theresienwiese tatsächlich ein Umsturz erfolgte: Etwa 2000 Anhänger der USPD zogen unter der Führung Kurt Eisners durch die Stadt und besetzten öffentliche Gebäude.

Im Mathäserbräu proklamierte Eisner einen Arbeiter- und Soldatenrat, der die politische Führung übernahm. Seine erste Sitzung hielt dieser Rat im ebenfalls besetzten Landtag ab. Kurt Eisner stellte dabei den Sieg der Revolution fest und wurde anschließend zum neuen Ministerpräsidenten einer von USPD und SPD gebildeten Koalitionsregierung ernannt. Am Morgen des 8. November rief Eisner den „freien Volksstaat Bayern" aus. König Ludwig III. wurde für abgesetzt erklärt. Er floh umgehend nach Salzburg. Damit war die Herrschaft der Wittelsbacher Dynastie über Bayern, die über 700 Jahre bestanden hatte, zu Ende.

Da die offizielle bayerische Regierung zu keiner wirksamen Gegenreaktion fähig war, schien der Umsturz in Bayern ohne Blutvergießen vollzogen. Auch in anderen bayerischen Städten wurden von Arbeitern, Soldaten und Bauern Räte gebildet, die nach der politischen Macht strebten.

Doch Eisner bekam in München die schwierigen Probleme nicht in den Griff: Die Zahl der Arbeitslosen nahm zu; die Versorgungslücken konnten nicht geschlossen werden, weil die meisten Bauern des Umlandes die Revolutionäre wegen ihrer kommunistischen Weltanschauung, aber auch wegen ihrer teilweise jüdischen Herkunft als „rotes Judenpack" abstempelten. Erschwerend kam hinzu, dass Eisners politisches Programm unklar blieb: Die Frage, ob kommunistische Räte oder gewählte Parlamentarier künftig die Politk bestimmen sollten, beantwortete er nicht eindeutig, während die Sozialdemokratie unter dem Realpolitiker Erhard Auer auf schnelle Landtagswahlen drängte.

M1 Wahlplakat der Bayerischen Volkspartei, 1919.
Am 12. Januar 1919, gut zwei Monate nach dem Umsturz, wurden in Bayern Landtagswahlen durchgeführt, bei denen die BVP mit diesem Plakat für sich warb. In Anlehnung an die kommunistischen Revolutionäre in Russland nannte man die Radikalen auch in Deutschland Bolschewiken.

M2 **Kurt Eisner, der erste bayerische Ministerpräsident,** zeitgenössisches Foto

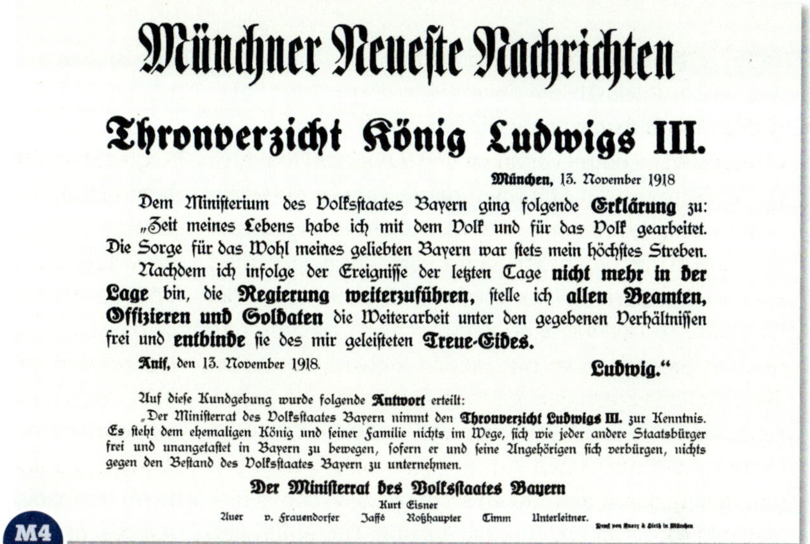

Münchner Neueste Nachrichten

Thronverzicht König Ludwigs III.

München, 13. November 1918

Dem Ministerium des Volksstaates Bayern ging folgende **Erklärung** zu: „Seit meines Lebens habe ich mit dem Volk und für das Volk gearbeitet. Die Sorge für das Wohl meines geliebten Bayern war stets mein höchstes Streben.

Nachdem ich infolge der Ereignisse der letzten Tage **nicht mehr in der Lage** bin, die **Regierung weiterzuführen,** stelle ich **allen Beamten, Offizieren und Soldaten** die Weiterarbeit unter den gegebenen Verhältnissen frei und **entbinde** sie des mir geleisteten **Treue-Eides.**

Anif, den 13. November 1918. **Ludwig.“**

Auf diese Kundgebung wurde folgende **Antwort** erteilt:

„Der Ministerrat des Volksstaates Bayern nimmt den **Thronverzicht Ludwigs III.** zur Kenntnis. Es steht dem ehemaligen König und seiner Familie nichts im Wege, sich wie jeder andere Staatsbürger frei und unangetastet in Bayern zu bewegen, sofern er und seine Angehörigen sich verbürgen, nichts gegen den Bestand des Volksstaates Bayern zu unternehmen.

Der Ministerrat des Volksstaates Bayern

Kurt Eisner

Auer v. Frauendorfer Jaffé Roßhaupter Timm Unterleitner.

M4 **Plakat vom 13. November 1918**

M3 Die Revolution aus der Sicht eines Zeitzeugen

Aus den Tagebuchaufzeichnungen Josef Hofmillers im November 1918. Hofmiller war Professor an einem Münchner Gymnasium:

Freitag, 8. November. Wie an Fasching zog eine Menschenmenge stadtwärts ... Die Hupen der Kraftwagen brachten auch etwas vom langweiligen Münchner Fasching herein. Bei der Rückfahrt traf ich F. H., der mir erzählte, er sei gestern an die Kirchenschule gegangen, als der Rummel losging. Die Soldaten hätten die Türen gesprengt, Gewehre geholt, die Kantine geplündert, Decken gestohlen, auch anderes, die Akten auf die Straße geworfen. Noch schlimmer hätten sie an der Türkenkaserne gehaust. Dort hätten sie alles geplündert und dann den Leuten auf der Straße Verschiedenes zum Kauf angeboten. Alle Geschäfte seien geschlossen, wer Rollläden hätte, hätte sie heruntergelassen. Es scheint nötig zu sein ... Unsere jüdischen Mitbürger scheinen in Sorge zu sein, dass sich die Wut der Menge gegen sie richtet. Kurt Eisner ... hat bisher vorwiegend literarische und sozialpolitische Kampfschriften veröffentlicht ... Er spielt ein gewagtes Spiel. Wie lange kann er es spielen?

Samstag, 9. November. Heute früh sind die „Neuesten“ wieder in ihrem regelmäßigen Umfang erschienen, ebenso die „Augsburger Abendzeitung“. Die Revolution war offenbar von langer Hand geplant, nur die staatlichen und militärischen Behörden ließen sich allen Warnungen zum Trotz überrumpeln. Militär durchzog mit geschultertem Gewehr durch die Stadt und verlangte zunächst von allen Soldaten die Entfernung der schwarzweißroten Kokarde[1]. Am Stachus sah Stemplinger, wie ein junger Strizzi einem verwundeten Offizier, der den Arm in der Schlinge trug, die Kokarde herunterreißen wollte. Ohne ein Wort zu sagen, gab ihm dieser eine saftige Watsche. Das Publikum brüllte Beifall.

Am Freitagmorgen war die Umwälzung vollzogen. München war als Hauptstadt des Königreichs zu Bett gegangen, um als Hauptstadt des bayerischen „Volksstaats“ zu erwachen.

Zit. nach Josef Hofmiller, Revolutionstagebuch 1918/19, Leipzig, o. J., S. 31 ff.

1 Abzeichen mit den Farben des Kaiserreichs

1 Bearbeite M1 unter der Fragestellung, wie die Bayerische Volkspartei die Revolution und den Bolschewismus darstellte und was sie damit erreichen wollte.

2 Klärt die Perspektive und die Position Hofmillers (M3). Überlegt, wodurch sich das Tagebuch von einem gewöhnlichen Tagebuch unterscheidet.

3 Werte die Meldungen der „Münchner Neuesten Nachrichten“ (M4) aus. Vergleiche die Haltung König Ludwigs III. mit der des Ministerrates.

4 Diskutiert, inwiefern man die Münchner Vorgänge im November 1918 als Revolution bezeichnen kann.

Die Errichtung einer Rätediktatur

Wie wenig Rückhalt die linke Regierung in der bayerischen Bevölkerung hatte, zeigten die Ergebnisse der Landtagswahlen am 12. Januar 1919. Die USPD erhielt nur 2,5 Prozent der Stimmen; damit konnte die Partei Eisners lediglich drei von 180 Mandaten erringen. Das war eine deutliche Absage an die Revolution. Für Eisner blieb nach diesem katastrophalen Ergebnis nur der Rücktritt. Im überwiegend katholischen und antipreußischen Bayern waren die „ausländischen" Revolutionäre auch massiven persönlichen Anfeindungen ausgesetzt. Als Eisner am 21. Februar 1919 auf dem Weg zum Landtag war, um seinen Rücktritt zu erklären, wurde er von dem reaktionären Grafen Arco-Valley erschossen.
Der offiziell gewählte Landtag beauftragte Hoffmann (SPD) mit einer Regierungsbildung. Der Aufbau einer stabilen demokratischen Staatsordnung gelang aber zunächst noch nicht, denn die Ermordung Eisners rief die radikalen Kräfte auf den Plan. Ein Revolutionärer Zentralrat, angeführt von Erich Mühsam und Gustav Landauer, proklamierte am 7. April 1919 eine Räterepublik. In dieser Bedrängnis floh die Regierung Hoffmann nach Bamberg. In München löste ein von linksextremen Spartakisten gebildeter Vollzugsrat den Zentralrat ab – die Landeshauptstadt versank im Chaos.

Eskalation der Gewalt und Sieg der „Weißen"

Mit einer „roten Armee" versuchten die Revolutionäre in München, ihre Herrschaft zu sichern und sich gegen die Regierung in Bamberg zu wappnen. Diese Ziele wurden aber nicht erreicht. Die Mitglieder der Räteregierung – Gustav Landauer, Erich Mühsam, Eugen Leviné und Ernst Toller –, die man zunächst als intellektuelle Spinner abgetan hatte, wurden zu bolschewistischen Todfeinden erklärt.
Dennoch schaffte es Ministerpräsident Hoffmann nicht, eine Volkswehr aufzustellen, um die Räte aus München zu vertreiben. So griff er auf Freikorps und Regierungstruppen zurück, die „Weiße" genannt wurden. Schon beim Vormarsch auf München kam es zu grauenhaften Racheakten. Nach heftigen Kämpfen, bei denen zahlreiche Rotarmisten, aber auch Zivilisten umgebracht wurden, gelang am 2. Mai die „Entsetzung" Münchens. Auf den „roten Terror" folgte jetzt der „weiße Terror". Mehr als 1000 Todesopfer haben diese revolutionären und gegenrevolutionären Gewaltakte gefordert.
Erst allmählich gelang nach der Rückkehr der Regierung aus dem Bamberger Exil eine Stabilisierung der politischen Verhältnisse. Im August verabschiedete der Landtag eine neue Verfassung. Bayern wurde damit ein demokratischer Freistaat.

M5 Demonstration gegen die Räterepublik in Würzburg, Foto, 22. April 1919

5 Setze das Foto M5 in Beziehung zur Textquelle M6 und vergleiche die Mittel, die Revolutionäre und Bürger einsetzten. Forsche nach, woher die Bezeichnung „Spartakist" kommt.

M6 Geiselnahme durch Räte

Auch in Würzburg nahmen die Radikalen Geiseln und veröffentlichten ein Plakat mit dem Wortlaut: „Wenn Proletarierblut fließt, werden Geiseln erschossen!" Der damalige Bürgermeister Andreas Grieser berichtete am 9. April 1919 über seine Erlebnisse:

Ich verlangte als Bürgermeister Aufklärung darüber, wer als Geisel verhaftet ist und aus welchem Grunde gegen Bürger Gewalt angewendet wird. Als Wortführer [der Räteregierung] trat mir Waibel entgegen. Er sprach lange über die Ziele des Kommunismus, wie wenn ich eine Volksversammlung darstellen würde. Ich habe ihm gesagt, dass ich für das Arbeiterwohl schon gehandelt habe, als er noch gar nicht auf der Welt war. Wegen der Geiseln erklärte er: Der Ausschuss habe die angesehenen Bürger festgenommen, um den Bestand der Räterepublik auf unblutige Weise zu sichern ... Waibel führte aus, wenn gegen die Räterepublik Gewalt angewendet würde, werde er über die Geiseln verfügen. Ich verlangte die Freigabe der Geiseln. Waibel lehnte ab.

Zit. nach Bettina Köttnitz-Porsch, Novemberrevolution und Räteherrschaft 1918/19 in Würzburg, Würzburg (Freunde Mainfränkischer Kultur und Geschichte) 1985, S. 163 f.

M7 Der „Weiße Terror"

Viele Führer der Münchner Rätebewegung wurden ohne ordnungsgemäßes Verfahren hingerichtet. Bericht in der Münchner „Neuen Zeitung" vom 3. Juni 1919:

Am 2. Mai stand ich als Wache vor dem großen Tor zum Stadelheimer Gefängnis. Gegen 1.15 Uhr brachte ein Trupp Soldaten Gustav Landauer. Auf dem Gang vor dem Aufnahmezimmer versetzte ein Offizier dem Gefangenen einen Schlag ins Gesicht. Im Hof begegnete der Gruppe ein Major, der mit einer schlegelartigen Keule auf Landauer einschlug. Unter Kolbenschlägen sank Landauer zusammen. Er stand jedoch wieder auf und wollte zu reden anfangen. Da rief ein Vizewachtmeister: „Geht mal weg!" Unter Lachen und freudiger Zustimmung der Begleitmannschaften gab der Vizewachtmeister zwei Schüsse ab, von denen Landauer einer in den Kopf traf. Landauer atmete immer noch. Unter dem Ruf: „Geht zurück, dann lassen wir ihm noch eine durch!" schoss der Vizewachtmeister Landauer in den Rücken.

Zit. nach Weimarer Republik, hg. vom Kunstamt Kreuzberg u. a., 3. Auflage, Berlin (Elefanten Press) 1977, S. 166.

M8 „Der Revoluzzer"

Der Schriftsteller Erich Mühsam (1878–1934) verfasste 1919 folgendes Gedicht:

War einmal ein Revoluzzer,
im Zivilstand Lampenputzer;
ging im Revoluzzerschritt
mit den Revoluzzern mit.

Und er schreit: „Ich revolüzze!"
Und die Revoluzzermütze
schob er auf das linke Ohr,
kam sich höchst gefährlich vor.

Doch die Revoluzzer schritten
mitten auf der Straßen Mitten,
wo er ansonsten unverdrutzt
alle Gaslaternen putzt.

Sie vom Boden zu entfernen,
rupfte man die Gaslaternen
aus dem Straßenpflaser raus,
zwecks des Barrikadenbaus.

Aber unser Revoluzzer
schrie: „Ich bin der Lampenputzer
dieses guten Lampenlichts.
Bitte, bitte tut ihm nichts!

Wenn wir ihn' das Licht ausdrehn,
kann kein Bürger nichts mehr sehn.
Lasst die Lampen stehn, ich bitt! –
Denn sonst spiel ich nicht mehr mit!"

Doch die Revoluzzer lachten,
und die Gaslaternen krachten,
und der Lampenputzer schlich
fort und weinte bitterlich.

Dann ist er zu Haus geblieben
und hat dort ein Buch geschrieben:
nämlich wie man revoluzzt
und dabei noch Lampen putzt.

Zit. nach Erich Mühsam, Gesamtausgabe, hg. von Gerhard Emig, Bd. 1, Berlin, 1983, S. 149.

6 Kläre, ausgehend von M7, warum es in München zur Eskalation der Gewalt kam.

7 Erich Mühsam hat das Gedicht „Der Revoluzzer" (M8) der deutschen Sozialdemokratie gewidmet. Erschließt die kritischen Aussagen in Partnerarbeit und tragt das Gedicht zu zweit wirkungsvoll vor.

Die politische Ordnung der jungen Demokratie

Eine neue Verfassung für die „Weimarer Republik“

Im November 1918 hatte Friedrich Ebert den liberalen Staatsrechtler Hugo Preuß beauftragt, eine Reichsverfassung zu entwerfen. Nach mehrmonatigen Beratungen nahm die Nationalversammlung am 31. Juli 1919 das Verfassungswerk schließlich an, und zwar mit 262 gegen 75 Stimmen aus USPD, DVP und DNVP. Mit der Unterschrift des Reichspräsidenten auf dem Verfassungswerk am 11. August 1919 wurde Deutschland zu einer parlamentarischen Republik, die als Weimarer Republik bezeichnet wird.

Weil der Reichstag ein getreues Abbild des Volkswillens sein sollte, gab es keine Sperrklausel gegenüber den kleinen Parteien und es konnten auch Splittergruppen ins Parlament einziehen. Die Verfassunggeber nahmen das bewusst in Kauf, denn dieser Wahlmodus galt als besonders gerecht und demokratisch.

M1 Sitzverteilung der Parteien nach der Wahl zur Nationalversammlung am 19. Januar 1919

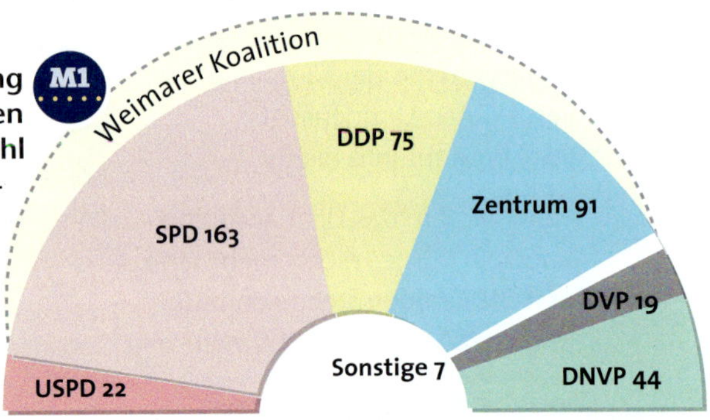

M3 Das deutsche Volk ist frei …

Aus der Eröffnungsrede Friedrich Eberts am 6. Februar 1919 vor der Nationalversammlung, die wegen der unsicheren politischen Lage in Berlin in der thüringischen Stadt Weimar zum ersten Mal zusammentrat:

Die Reichsregierung begrüßt durch mich die verfassunggebende Versammlung der deutschen Nation. Besonders herzlich begrüße ich die Frauen, die zum ersten Mal gleichberechtigt im Reichsparlament erscheinen. Die Provisorische Regierung verdankt ihr Mandat der Revolution; sie wird es in die Hände der Nationalversammlung zurücklegen. (Bravo!) In der Revolution erhob sich das deutsche Volk gegen eine veraltete zusammenbrechende Gewaltherrschaft. (Zustimmung links. – Lebhafter Widerspruch rechts). Sobald das Selbstbestimmungsrecht des deutschen Volkes gesichert ist, kehrt es zurück auf den Weg der Gesetzmäßigkeit. Nur auf der breiten Heerstraße der parlamentarischen Beratung und Beschlussfassung lassen sich die unaufschiebbaren Veränderungen auch auf wirtschaftlichem und sozialem Gebiete vorwärtsbringen … Deshalb begrüßt die Reichsregierung in dieser Nationalversammlung den höchsten und einzigen Souverän in Deutschland. Mit den alten Königen und Fürsten von Gottes Gnaden ist es für immer vorbei … Das deutsche Volk ist frei, bleibt frei und regiert in alle Zukunft sich selbst.

Verhandlungen der Verfassunggebenden Nationalversammlung. Stenographische Berichte, Bd. 326, S. 1 ff., Berlin, 1919/20.

M2 Die Weimarer Verfassung von 1919

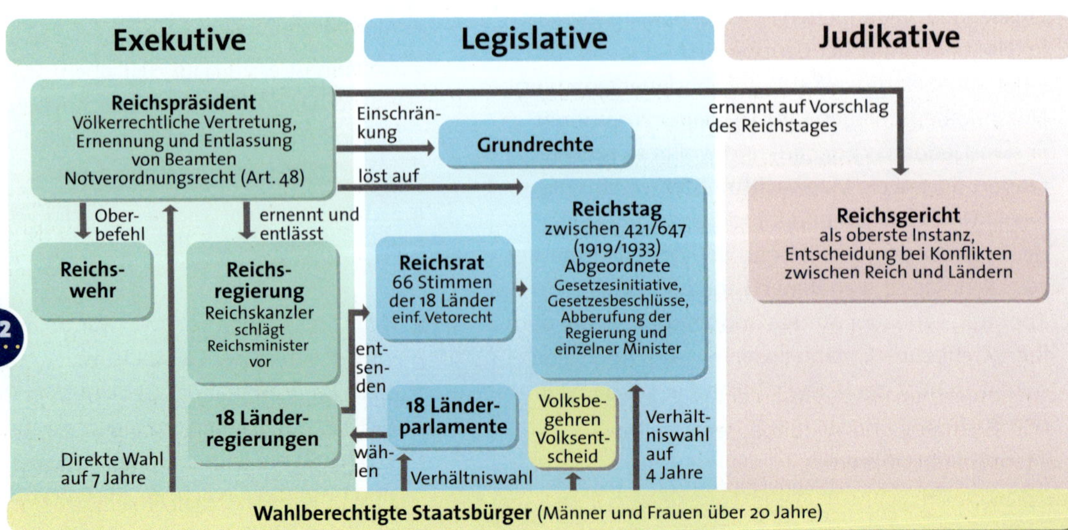

Die Parteien in der Weimarer Republik

Kernaussagen der Parteiprogramme:

Sozialdemokratische Partei Deutschlands (SPD)
- Bekenntnis zur parlamentarischen Demokratie
- gegen den Einfluss monarchistischer und militaristischer Kreise
- Räte nur im wirtschaftlichen Bereich (Betriebsräte)
- Verstaatlichung von Grund und Boden
- für „weltliche" Schulen (Schulen unter Staatsaufsicht, nicht unter Kirchenaufsicht)

Unabhängige Sozialdemokratische Partei Deutschlands (USPD)
- 1917 als Abspaltung von der SPD entstanden, 1920 trat die Mehrheit der USPD der KPD bei, der Rest 1922 der SPD
- Spaltung in Befürworter einer Rätedemokratie einerseits und Befürworter einer parlamentarischen Demokratie andererseits

Kommunistische Partei Deutschlands (KPD)
- Ablehnung der parlamentarischen Demokratie
- für ein Rätesystem*
- Sturz der „Kapitalisten" und Großgrundbesitzer
- Aufbau des Sozialismus, Bündnis mit Sowjetunion

Zentrum
- Bekenntnis zur parlamentarischen Demokratie
- für eine starke Exekutive
- Schutz des Privateigentums
- für Bekenntnisschulen, nach Konfessionen getrennt
- internationale Gleichberechtigung Deutschlands

Deutsche Demokratische Partei (DDP)
- Bekenntnis zur parlamentarischen Demokratie
- für Privatwirtschaft
- für das Selbstbestimmungsrecht Deutschlands

Deutsche Volkspartei (DVP)
- Ablehnung der parlamentarischen Demokratie, aber verantwortliche Mitarbeit im Parlament
- für eine gesetzmäßig einzurichtende Monarchie

Deutschnationale Volkspartei (DNVP)
- Ablehnung der parlamentarischen Demokratie
- für eine Monarchie mit starker Exekutive
- für „starkes deutsches Volkstum"

Nationalsozialistische Deutsche Arbeiterpartei (NSDAP)
- gegen Demokratie; Aufbau eines „Führerstaates"
- Großbetriebe und Warenhäuser in Gemeineigentum überführen
- Juden sollen keine Staatsbürgerschaft erhalten

M4 Die Staatsgewalt geht vom Volke aus

Auszüge aus der Weimarer Verfassung von 1919:

Art. 1 Das Deutsche Reich ist eine Republik. Die Staatsgewalt geht vom Volke aus …

Art. 20 Der Reichstag besteht aus den Abgeordneten des deutschen Volkes.

Art. 21 Die Abgeordneten sind Vertreter des ganzen Volkes. Sie sind nur ihrem Gewissen unterworfen und an Aufträge nicht gebunden.

Art. 22 Die Abgeordneten werden in allgemeiner, gleicher, unmittelbarer und geheimer Wahl von den über zwanzig Jahre alten Männern und Frauen nach den Grundsätzen der Verhältniswahl gewählt …

Art. 25 Der Reichspräsident kann den Reichstag auflösen, jedoch nur einmal aus dem gleichen Anlass. Die Neuwahl findet spätestens am sechzigsten Tag nach der Auflösung statt …

Art. 41 Der Reichspräsident wird vom ganzen deutschen Volke gewählt …

Art. 109 Alle Deutschen sind vor dem Gesetze gleich. Männer und Frauen haben grundsätzlich dieselben staatsbürgerlichen Rechte und Pflichten …

[Weitere Artikel sichern u. a. die Freizügigkeit und Berufsfreiheit (111), die Freiheit der Person (114), die Unverletzlichkeit der Wohnung (115), das Briefgeheimnis (117) und die Meinungsfreiheit (118) zu.]

Zit. nach Dieter Kakis (Hg.), Deutsche Verfassungen, München (Goldmann) 1965, S. 77 ff.

Weimarer Verfassung

Die Weimarer Verfassung trat am 11. August 1919 in Kraft. Deutschland wurde damit eine parlamentarische Republik, in der die Staatsgewalt vom Volke ausging, repräsentiert durch die gewählten Abgeordneten des Reichstags.

1 Zeige, wie die Macht zwischen Exekutive, Legislative und Jurisdiktion verteilt war (M2, M4).

2 Erarbeite anhand von M3 die Demokratieauffassung Friedrich Eberts. Welche seiner Aussagen findest du in der Weimarer Verfassung (M2, M4)?

3 Erörtere die These, die Politik Eberts war zugleich eine „Politik der Kontinuität" und der „Revolution".

4 Prüfe die Einstellungen der Parteien zur Weimarer Demokratie (Kasten) und bewerte Möglichkeiten einer Zusammenarbeit/Koalitionsbildung.

Politische und wirtschaftliche Belastungen

Politische Krisen

Auf die Revolutionsphase 1918/19 folgten weitere vier Krisenjahre. Zu blutigen Zusammenstößen kam es, als im Januar 1923 französische und belgische Truppen wegen ausstehender Reparationszahlungen das Ruhrgebiet besetzten. Der Widerstand gegen die Besetzung wurde wegen der katastrophalen Wirtschaftslage im September 1923 abgebrochen. Am 13. März 1920 besetzte auf Befehl des Generals von Lüttwitz die Marinebrigade Ehrhardt das Regierungsviertel in Berlin. Wolfgang Kapp, ein hoher Beamter und Politiker der äußersten Rechten, ernannte sich selbst zum Reichskanzler und von Lüttwitz zum Reichswehrminister. Die meisten Mitglieder der Regierung verließen Berlin. Die Reichswehrführung unter General von Seeckt befürchtete eine Spaltung der Truppe und lehnte ein militärisches Vorgehen ab. Damit hatte die Führung der Reichswehr der verfassungsgemäßen Regierung den Schutz verweigert. Der Putsch scheiterte nach einem von den Gewerkschaften ausgerufenen Generalstreik und durch die passive Haltung der Ministerialbürokratie. In Sachsen und Thüringen wurde ein kommunistischer Putschversuch im Oktober 1923 durch Reichswehrtruppen niedergeschlagen. In München misslang am 8./9. November 1923 ein von dem NSDAP-Führer Adolf Hitler und dem General Ludendorff angeführter Putsch, der das Ziel einer diktatorischen Machtübernahme in Berlin hatte.

Inflation

Die junge Republik stand auch finanziell und wirtschaftlich vor größten Schwierigkeiten: Die Finanzierung des Krieges hatte das Kaiserreich 164 Milliarden Mark gekostet. Diese Summe war vorwiegend durch Kriegsanleihen aufgebracht worden, die nach Kriegsende den Bürgern verzinst wieder zurückgezahlt werden sollten. Die Steuereinnahmen deckten aber nur 14 Prozent der Reichsausgaben. Auf dem Arbeitsmarkt mussten innerhalb weniger Monate etwa sieben Millionen Männer – ehemalige Soldaten – wieder in den Wirtschaftsprozess eingegliedert werden. Schäden in der Infrastruktur, der Verlust von Industrie- und Rohstoffgebieten, mangelnde Finanzen für die Umstellung von der Kriegs- auf die Friedensproduktion und die Reparationszahlungen verschärften die Situation in den Jahren 1920 bis 1922 dramatisch. 1923 verfiel der Kurs der Mark immer schneller. Diese hyperinflationäre Entwicklung wurde erst durch die Einführung der Rentenmark am 15. November 1923, ein Jahr später durch die goldgedeckte Reichsmark gestoppt.

M1 Verkündung des Militärputsches, 13. März 1920

Kundgebung!

Die bisherige Reichsregierung hat aufgehört zu sein. Die gesamte Staatsgewalt ist auf den mitunterzeichnenden Generallandschaftsdirektor Kapp-Königsberg i. Pr. übergegangen. Zum militärischen Oberbefehlshaber und gleichzeitig als Reichswehrminister wird vom Reichskanzler der General der Infanterie Freiherr von Lüttwitz berufen. Eine neue Regierung der Ordnung, der Freiheit und der Tat wird gebildet.

Freiherr von Lüttwitz, General der Infanterie — Kapp, Generallandschaftsdirektor

M2 „Generalstreik auf der ganzen Linie“

Aufruf der SPD am 13. März 1920:

Der Militärputsch ist da. Die Marinedivision Ehrhardt marschiert auf Berlin, um eine Umgestaltung der Reichsregierung zu erzwingen. Die Landsknechte, welche sich vor der befohlenen Auflösung fürchten, wollen Reaktionäre auf die Ministerposten bringen. Wir weigern uns, uns diesem militärischen Zwange zu beugen. Wir haben die Revolution nicht gemacht, um das blutige Landsknechtsregiment heute wieder anzuerkennen … Arbeiter, Genossen! Wir müssten uns vor euch schämen, wenn wir anders handeln würden. Wir sagen: Nein und noch einmal nein! Ihr müsst uns bestätigen, dass wir in eurem Sinne gehandelt haben. Wendet jedes Mittel an, um diese Wiederkehr der blutigen Reaktion zu vernichten. Streikt, legt die Arbeit nieder und schneidet dieser Militärdiktatur die Luft ab. Kämpft mit jedem Mittel um die Erhaltung der Republik. Lasst alle Spaltung beiseite. Es gibt nur ein Mittel gegen die Wiederkehr Wilhelms II.: … Generalstreik auf der ganzen Linie.

Wolfgang Michalka/Gottfried Niedhart, Die ungeliebte Republik, 3. Aufl., München (dtv dokumente) 1984, S. 79.

M3 Not und Elend überall

Aus einem Leserbrief der „Braunschweigischen Landeszeitung“ (1923):

Aber nachgerade erstirbt auch hier das Großstadtleben; … Schon zwischen 8 und 9 sieht man, wie das Licht eins nach dem anderen in den Häusern erlischt. Die Treppenhäuser der großen Mietskasernen und die besseren Wohnhäuser sind unbeleuchtet und in vielen Straßen kommt man schon in den frühesten Abendstunden vor verschlossene Haustüren, weil man sein Eigentum gegen Diebstahl auf jede mögliche Art und Weise schützen muss … Not und Elend überall … Die Konzertsäle sind leer, die Kunst geht betteln und mit ihr der Mittelstand … In den letzten Wochen sind schon wieder über 20 Selbstmorde vorgekommen, die ihre Ursache in Hunger, Kummer, Not, Elend, Unzufriedenheit und Verzweiflung haben!

Braunschweigische Landeszeitung vom 27. 10. 1923. Zit. nach Praxis Geschichte, H. 2, 1992, S. 29.

M4 In Wäschekörben werden Lohngelder von der Bank abgeholt, Foto, 1923

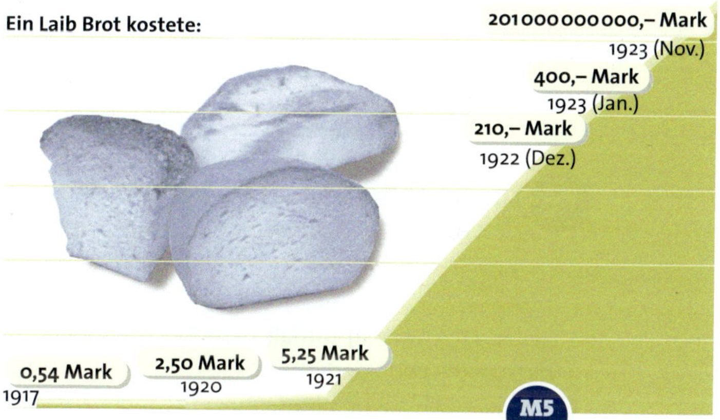

M5 Die Entwicklung des Brotpreises

Inflation

Inflation, lat. „Aufblähung“, ist eine anhaltende Geldentwertung, die durch eine starke Vermehrung der umlaufenden Geldmenge gegenüber dem Güterumlauf entsteht. Als Folge steigen die Preise, es setzt eine Flucht in Sachwerte ein, wie z. B. in den Anfangsjahren der Weimarer Republik. Die Inflation wird am Anstieg des allgemeinen Preisniveaus gemessen. Bei über 50 Prozent Preisanstieg in einem Jahr wird von „Hyper-Inflation“ gesprochen. Mit der Stabilisierung der Währung ab November 1923 war eine Billion Papiermark nur noch eine Goldmark wert.

M6 Die Wertentwicklung von Sparguthaben

1. Erarbeite mithilfe von M1, M2 und des Darstellungstextes Begründung, Verlauf und Ergebnis des Kapp-Lüttwitz-Putsches.
2. Beurteile den Putsch aus verfassungsrechtlicher Sicht. Ziehe die Seiten 16 f. mit heran.
3. Beschreibe M4, M5 und M6. Überlege, worin sich Krisensymptome zeigen und formuliere mögliche Folgen für die Menschen.
4. Erarbeite anhand von M3 und M7, S. 20, wie sich die Inflation auf den Alltag der Bevölkerung auswirkte.

M7 **Unser tägliches Brot,** Zeichnung von E. Schilling aus dem „Simplicissimus“, 1923. „Wird das Brot nicht endlich billiger?“ – „Dann müsst' ich's schlechter machen – und das ist nicht möglich.“

M8 Die Wirtschaft nach „Versailles“

Der Wirtschaftswissenschaftler John Maynard Keynes (1883–1938) schrieb 1919 über wirtschaftliche Folgen des Versailler Vertrages:

Der Friedensvertrag enthält keine Bestimmungen zur wirtschaftlichen Wiederherstellung Europas, nichts, um die geschlagenen Mittelmächte wieder zu guten Nachbarn zu machen, nichts, um die neuen Staaten Europas zu festigen, nichts, um Russland zu retten … Wiedergutmachung war ihr [der Siegermächte] Hauptinteresse auf wirtschaftlichem Gebiet und sie behandelten sie als eine Frage der Theologie, der Politik, der Wahltaktik, kurz, von jedem anderen Gesichtspunkt als dem der wirtschaftlichen Zukunft der Staaten, deren Schicksal in ihrer Hand lag … Die bezeichnenden Züge der gegenwärtigen Lage lassen sich in drei Gruppen zusammenfassen: 1. das vollständige Nachlassen der inneren Produktivität Europas, 2. der Zusammenbruch des Verkehrswesens und des Austausches …, 3. Europas Mangel an Kaufkraft zur Beschaffung der gewohnten Waren von Übersee.

John Maynard Keynes, Die wirtschaftlichen Folgen des Friedensvertrages, München/Leipzig (Duncker & Humblot) 1920, S. 184 ff.

M9 Gewinner und Verlierer in der Inflation

Der Historiker Heinrich August Winkler schrieb 1993:

Die eigentlichen Opfer der Inflation waren … die Sparer … Hart betroffen waren auch jene Akademikerfamilien, die das Studium ihrer Kinder traditionell aus Ersparnissen zu finanzieren pflegten … Haus- und Grundbesitzer wurden schuldenfrei … Unter den Hausbesitzern befanden sich zahlreiche selbstständige Handwerker, die Kerngruppe des gewerblichen Mittelstandes …
Zu den Inflationsgewinnern gehörten die meist hoch verschuldeten Großgrundbesitzer … Dasselbe galt von den Besitzern großer industrieller Vermögen … Ein anderer Gewinner der Inflation war der Staat … Für die Arbeiter begann die Stabilisierung im Zeichen eines niedrigen Lohnniveaus und hoher Arbeitslosigkeit. Zwar stiegen die durchschnittlichen Realwochenlöhne von November bis Dezember 1923 von 53 % auf knapp 70 % des Vorkriegsstandes, aber das war noch immer erheblich weniger, als die Arbeiter im März 1923 verdient hatten – nämlich rund 79 % des Standes von 1913.

Heinrich August Winkler, Weimar 1918–1933, München (C. H. Beck) 1993, S. 244 f.

M10 **Die Proklamation der Putschisten vom 8./9. November 1923 in München.** „Novemberverbrecher“ war ein diffamierendes Schlagwort für die demokratischen Politiker der Weimarer Republik. Der Begriff wurde seit September 1922 von Adolf Hitler in seinen Reden und in Aufrufen und Plakaten verwendet.

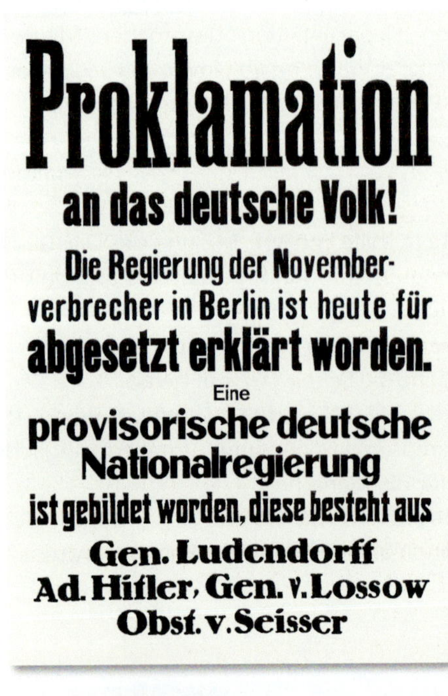
Proklamation
an das deutsche Volk!
Die Regierung der Novemberverbrecher in Berlin ist heute für abgesetzt erklärt worden.
Eine provisorische deutsche Nationalregierung ist gebildet worden, diese besteht aus
Gen. Ludendorff
Ad. Hitler, Gen. v. Lossow
Obst. v. Seisser

M11 „... eine bewaffnete Horde"

Aus dem Aufruf der Reichsregierung vom 9. November 1923:

An das deutsche Volk!
In der Zeit größter außen- und innenpolitischer Bedrängnis haben sich Verblendete ans Werk gemacht, um das Deutsche Reich zu zerschlagen. In München hat eine bewaffnete Horde die bayerische Regierung gestürzt ... und sich angemaßt, eine Reichsregierung zu bilden ... Es bedarf keines Hinweises darauf, dass diese Putschbeschlüsse null und nichtig sind. Wer diese Bewegung unterstützt, macht sich zum Hoch- und Landesverräter. Statt unseren Brüdern im Rheinlande und an der Ruhr zu helfen, die für Deutschland kämpfen, stürzt man Deutschland ins Unglück, gefährdet die Ernährung, bringt uns die Gefahr eines feindlichen Einmarsches und zerrüttet alle Aussichten auf die Anbahnung wirtschaftlicher Gesundung ...
In der Schicksalsstunde des deutschen Volkes und Deutschen Reiches fordern wir alle Freunde des Vaterlandes auf, sich einzusetzen für die Bewahrung der Reichseinheit, deutscher Ordnung und Freiheit.

Zit. nach Wolfgang Michalka/Gottfried Niedhart, Die ungeliebte Republik, 3. Aufl., München (dtv) 1984, S. 93 f.

M12 „Die Tat ... ist nicht misslungen"

Aus der Schlussrede Hitlers am 27. März 1924 vor dem Münchner Volksgericht:

Deutschlands Schicksal liegt nicht in der Republik oder in der Monarchie. Was ich bekämpfe, ist nicht die Staatsform als solche, sondern der schmähliche Inhalt. Wir wollen in Deutschland die Voraussetzungen dafür schaffen, die allein es möglich machen, dass die eiserne Faust unserer Feinde von uns genommen wird ... Und da frage ich Sie: Ist das, was wir gewollt haben, Hochverrat? Endlich: Wir wollten, dass unser Volk zum Aufbäumen gebracht werde gegen die drohende Versklavung ... Wir sind der Strafe verfallen, weil das Unternehmen misslungen ist. Die Tat des 8. November ist nicht misslungen. Sie wäre misslungen dann, wenn eine Mutter gekommen wäre und gesagt hätte: Herr Hitler, Sie haben auch mein Kind am Gewissen. Aber das darf ich versichern, es ist keine Mutter gekommen. Im Gegenteil. Tausende anderer sind gekommen und haben sich in unsere Reihen gestellt.

Zit. nach Fridolin Wimmer, Der Hitler-Ludendorff-Putsch, in: Geschichte lernen, H. 77, 2000, S. 42.

M13 „... von rein vaterländischem Geiste ..."

Aus der Urteilsbegründung des Gerichts vom 1. April 1924:

Auch das Gericht ist zu der Überzeugung gelangt, dass die Angeklagten bei ihrem Tun von rein vaterländischem Geiste und dem edelsten Willen geleitet waren. Alle Angeklagten, die in die Verhältnisse genauen Einblick hatten – und die übrigen ließen sich von den Mitangeklagten als ihren Führern und völkischen Vertrauensmännern leiten –, glaubten nach bestem Wissen und Gewissen, dass sie zur Rettung des Vaterlandes handeln müssten und dass sie dasselbe täten, was kurz zuvor noch die Absicht der leitenden bayerischen Männer gewesen war. Das rechtfertigt ihr Vorhaben nicht, aber es gibt den Schlüssel zum Verständnis ihres Tuns.

O. Gritschneder, Bewährungsfrist für den Terroristen Adolf H. Der Hitler-Putsch und die bayerische Justiz, München, 1990, S. 92. Zit. nach: Praxis Geschichte, H. 2, 1992, S. 46.

Grundwissen

1923: Hitlerputsch

Der Hitlerputsch vom 8./9. November stellte eine starke Gefährdung der Weimarer Demokratie im Krisenjahr 1923 dar. Der Putsch scheiterte am Widerstand der bayerischen Landespolizei. Das milde Urteil – immerhin waren vier Polizisten erschossen, Banknoten geraubt und Geiseln genommen worden – zeugt von starker Voreingenommenheit des Gerichts gegenüber den Angeklagten.

5 Fasse anhand von M8 und M9 die Wirkungen des Versailler Vertrags zusammen. Achte auf die Zeitpunkte der Veröffentlichungen.

6 Ordne M10 mithilfe des Darstellungstextes S. 18 in die politische Situation der Anfangsjahre der Weimarer Republik ein und vergleiche mit M11.

7 Erarbeite anhand von M12 die Argumentation Hitlers und formuliere eine Gegenrede.

8 In der Geschichtsforschung über die Weimarer Republik wird von „politischer Justiz" gesprochen. Kläre diesen Ausdruck und prüfe die Aussage an M13.

Im Archiv recherchieren

An sicherem Ort aufbewahren

Der Begriff „Archiv" ist von dem griechischen Wort „archeion" (= Regierungsgebäude in der griechischen Polis) abgeleitet, wo wichtige Schriftstücke aufbewahrt wurden. Auch in heutigen Archiven werden viele wichtige und für den Geschichtsforscher interessante Dokumente verwahrt. Sie lagern sicher in so genannten Magazinräumen. Wer mit ihnen arbeiten möchte, muss sie bestellen und kann sie im Lesesaal des Archivs lesen, aber nicht nach Hause entleihen.

Grundsätzlich wird zwischen privaten und öffentlichen Archiven unterschieden. Während bei privaten Archiven, z. B. einem Familienarchiv, eine besondere Erlaubnis für die Benutzung notwendig ist, hat bei öffentlichen Archiven jeder Zutritt. Oft drückt sich schon im Namen des Archivs aus, was dort gesammelt und aufbewahrt wird. In einem Stadtarchiv finden sich Urkunden und Dokumente zur Stadtgeschichte, z. B. Akten des städtischen Bauamtes, Ratsprotokolle, Stadtpläne, Fotos und Zeitungen. Nicht immer sind die Sammlungen vollständig, etwa bedingt durch Kriegsschäden.

Es gibt auch Archivmaterialien, die für eine bestimmte Zeit für die Benutzung gesperrt sind, wenn sie z. B. diskrete Informationen über noch lebende Personen oder deren Nachkommen enthalten.

Ein Archivdokument ist generell als Quelle zu betrachten und kann mit den entsprechenden methodischen Arbeitsschritten bearbeitet werden.

Beispiele für öffentliche Archive sind: Staatliche Archive, Kommunalarchive, Kirchliche Archive, Wirtschaftsarchive, Literaturarchive, Medienarchive, Universitätsarchive, Archive politischer Parteien und Verbände.

Bei M1 handelt es sich um einen Artikel aus der „Ingolstädter Zeitung". Er berichtet über den Hitlerputsch vom 8./9. November 1923 in München. In den Stadtarchiven sind meistens auch die Ausgaben der lokalen Zeitungen zu finden. Sie eignen sich besonders zur Einübung im Umgang mit Archivalien.

1 Stelle mithilfe des Arbeitsschrittes 4 die Quelle M1 vor. Nimm die Seiten 20/21 zu Hilfe.

2 Führt unter Beachtung der Arbeitsschritte eine Recherche im Stadtarchiv (eures Wohn- oder Schulortes) zum Thema „Das Krisenjahr 1923 in meinem Wohn(Schul)ort" durch. Grenzt eure Fragestellung weiter ein.

Arbeitsschritte

Im Archiv recherchieren

1. Schritt: Genaue Eingrenzung des Themas
Vor dem Archivbesuch solltet ihr das Thema der Recherche inhaltlich und zeitlich genau eingrenzen, damit ihr im Archiv gezielt suchen könnt.

2. Schritt: Archivbesuch vorbereiten
Erkundigt euch nach den Öffnungszeiten des Archivs und fragt vor einem Besuch nach, ob dort Material zu eurem Thema zu finden ist. Vielleicht legt euch der Archivar oder die Archivarin die gesuchten Dokumente (Archivalien) zu einem bestimmten Thema heraus. Ansonsten könnt ihr im Archiv mithilfe von Findbüchern, in denen alle Akten aufgelistet sind, die Schriftstücke in den Lesesaal bestellen. Dafür wird aber Hilfe notwendig sein.

3. Schritt: Archivalien sichten und auswählen
Bei den Archivalien handelt es sich meistens um einmalige Originale, die ihr in den Händen haltet. Geht entsprechend sorgsam damit um. Fragt nach, ob ihr die für euch interessanten Schriftstücke kopieren dürft oder einen Kopierauftrag erteilen könnt (evtl. Kosten!). Bei Quellen aus dem 20. Jahrhundert ist das zum Teil möglich. Ansonsten notiert interessante Sachverhalte und Daten bzw. schreibt das Schriftstück wortwörtlich ab. Notiert immer die vollständige Quellenangabe und den Fundort. Dabei sind euch die Archivmitarbeiter behilflich.

4. Schritt: Ergebnisse auswerten und präsentieren
Tragt die Ergebnisse eurer Archivrecherche zusammen und stellt die gefundenen Quellen der Klasse vor. Geht dabei ein auf:
– Fundort, Quellenart (z. B. Brief, Urkunde), Autor, Adressat, Entstehungszeit, Inhalt, Besonderheiten wie Unterstreichungen usw.
– Aussagewert der Quelle, bezogen auf euer Thema bzw. eure Untersuchungsfragen; bei einer Zeitung z. B. Parteizeitung oder überparteilich?
Berichtet auch, was bei der Suche ergiebig war und wo Probleme lagen (z. B. Lesbarkeit von Quellen).
Entscheidet über die Form der Präsentation, z. B. Wandzeitung, Ausstellungstafeln, Computerpräsentation.

Ingolstädter Zeitung

Die nationalen Wirren in München

Der Ludendorff-Hitlerputsch abgeschlagen. — Verhängung des Standrechts. — Hitler unbekannten Aufenthalts. — Ludendorff gegen Ehrenwort freigelassen. — Die Staatsautorität ist im Besitz der Gewalt. — Dr. v. Kahrs besonnene Handlungsweise. — Straßenkämpfe: 12 Tote und eine Anzahl Verletzte. — Dank an Reichswehr und Landespolizei. — Auflösung der Kampfverbände. — Die Münchener Presse verurteilt den Ehrenwortbruch Hitlers.

Authentische Erklärung über d. Hitler-Putsch.

Die Correspondenz Hoffmann veröffentlicht folgende authentische Erklärung über den Hitler-Putsch.

In den letzten Wochen hat Hitler in Besprechungen mit General von Lossow und Oberst von Seisser wiederholt freiwillig und ohne jeden Zwang zugesichert, daß er loyal sein und nichts unternehmen werde ohne vorher die genannten Herren in Kenntnis gesetzt zu haben. In gleicher Weise hat General Ludendorff dem General von Lossow und dem Obersten von Seisser in feierlicher Weise Loyalität zugesichert und hinzugefügt, wenn die Wege der Herren nicht mehr zusammen gehen könnten, so würde das Loyalitätsverhältnis vorher freundschaftlich aufgekündigt werden. Erst dann sollte jeder die Wege gehen können, die zu gehen er nach seinem Gewissen für notwendig halte. Am Dienstag, den 6. Novbr., nachmittags legte der Generalstaatskommissar vor versammelten Führern der vaterländischen Verbände, darunter auch den Führern des Kampfbundes seine Auffassung der Lage dar und zugleich den bestimmten Willen, denselben Zielen wie die vaterländischen Verbände zuzustreben. Dabei wurden die Führer ausdrücklich vor Putschen gewarnt mit dem Hinweis, daß gegen solche mit militärischen Mitteln eingeschritten werden müßte. Am 8. November, nachm. von 4—5 Uhr 30 Minuten fand eine Besprechung zwischen Exzellenz von Kahr, General Ludendorff, General von Lossow und Oberst von Seisser im Generalstaatskommissariat statt. In dieser Besprechung wurde Einheitlichkeit in Bezug auf die erstrebenswerten Ziele festgestellt, wenn auch General Ludendorff in Bezug auf das Tempo drängte angesichts der großen Notlage, in der sich weite Kreise des deutschen Volkes befänden.

Gleichwohl fand wenige Stunden später gegen 1/2 9 Uhr abends in der überfüllten Versammlung im Bürgerbräukeller, während Exzellenz von Kahr seine angekündigte Rede hielt, ein erpresserischer Ueberfall durch Hitler mit einem starken, bewaffneten Anhang statt, wobei Kahr, Lossow und Seisser mit vorgehaltener Pistole gezwungen werden sollten, bei der Verwirklichung der von Hitler schon lange gehegten Pläne, nämlich der Aufstellung einer Reichsdiktatur Hitler-Ludendorff in Bayern mitzutun. Jedermann, der Zeuge dieses, an sich schon überaus häßlichen, in Anbetracht der gegebenen Versprechungen und Zusagen doppelt niederträchtigen Ueberfalles war, mußte das Verächtliche und Verabscheuungswürdige dieser Tat empfinden, soferne er über die hier klar gestellte Vorgeschichte unterrichtet war.

Wenn **Kahr, Lossow** und **Seisser** unter dem Zwang der Verhältnisse die von ihnen **erpreßten Erklärungen** abgaben, so geschah dies, weil die Herren von der Ueberzeugung erfüllt waren und sind, daß nur in einem **einheitlichen Zusammengehen und Vorgehen dieser drei Personen** noch die Möglichkeit gelegen war, **die Staatsautorität innerhalb Bayerns aufrecht zu erhalten** und das **Auseinanderfallen aller Machtmittel zu verhindern.** Aus diesen Erwägungen allein haben Kahr, Lossow und Seisser es über sich gebracht, die ihnen unter brutaler Vergewaltigung angesonnene Zumutung mit scheinbarer Zustimmung zu beantworten, um die Freiheit des Entschlusses und Handelns wieder zu gewinnen.

Die im Saal dicht gedrängte Menge benahm sich vom ersten bis zum letzten Augenblick mustergiltig. Der allgemeine Unwille, der beim Auftreten Hitlers im Saal deutlich wurde, legte sich erst, als die Parole ausgegeben wurde: Die Aktion richte sich nicht gegen Kahr. Da das Publikum über die Umstände, unter denen die Vergewaltigung in einem anderen Raum vor sich ging, nicht unterrichtet war, nahm es die späteren gemeinsamen Erklärungen zwar zum großen Teil mit Erstaunen, aber doch auch mit einer gewissen Befriedigung auf, da es an eine freiwillige Uebereinstimmung und Einigung glaubte.

M1 **Auszug eines Artikels aus der „Ingolstädter Zeitung" vom 10. November 1923.**
Zur Frakturschrift siehe Hinweise auf S. 49.

Gefahren für die Demokratie

Die gespaltene Gesellschaft

Der überraschende Tod des Reichspräsidenten Friedrich Ebert am 28. Februar 1925 machte eine vorzeitige Neuwahl notwendig. Ebert war nicht nur körperlich geschwächt, sondern auch seelisch angegriffen: Anhänger der deutschnationalen und völkischen Rechten wie auch Kommunisten hatten ihn wiederholt persönlich und politisch angegriffen. Für die extremistischen Gruppierungen galt Kompromissbereitschaft als Schwäche. Sie wollten ihre Auffassungen ohne Rücksicht auf andere Ansichten durchsetzen. Tatsächlich trug Eberts Einsatz für den Kompromiss zwischen den gesellschaftlichen Gruppen der Weimarer Republik, das heißt vor allem zwischen gemäßigter Arbeiterschaft und Bürgertum, entscheidend dazu bei, der Republik eine tragfähige Grundlage zu geben, die nun durch den plötzlichen Tod Eberts in Gefahr geriet.

Gegner der Demokratie

Die Reichpräsidentenwahlen brachten im ersten Wahlgang keinem Kandidaten eine absolute Mehrheit. Da sich der Vorsitzende der Zentrumspartei, Wilhelm Marx, als Kandidat des „Volksblocks" (SPD, Zentrum, DDP) nicht durchsetzen konnte, wurde am 26. April 1925 der vom „Reichsblock" (DVP, DNVP, Bayerische Volkspartei) im zweiten Wahlgang nominierte kaiserliche Feldmarschall Paul von Hindenburg zum zweiten Reichspräsidenten der Weimarer Republik gewählt. Die demokratische Mitte und die Linke betrachteten seine nationalkonservative Einstellung und seine Nähe zur Kaiserfamilie der Hohenzollern für die weitere Entwicklung der Weimarer Demokratie mit Misstrauen. Problematischer wog aber wohl, dass Hindenburg zu denen gehörte, die die so genannte Dolchstoßlegende mitgeschürt hatten. Dabei ging es um die Behauptung, dass das angeblich bis zuletzt siegreiche Heer im Ersten Weltkrieg durch die politische Umwälzung in der Heimat „von hinten erdolcht" worden sei. Zu „Sündenböcken" wurden die so genannten „Erfüllungspolitiker" gemacht: die demokratischen Politiker, die nach der Kriegsniederlage des Kaiserreichs die politische Verantwortung übernahmen und den Versailler Vertrag unter dem Druck der Siegermächte unterzeichnen mussten. Antidemokratische, nationalistische und antisemitische Kräfte und Strömungen machten sich immer deutlicher bemerkbar.

M1 **„Stützen der Gesellschaft"**, Gemälde von George Grosz, 1926

1. Analysiere M1 (Methode „Bildquelle", s. Anhang).
2. Erarbeite mithilfe des Darstellungstextes, inwiefern von einer „gespaltenen" Gesellschaft gesprochen werden kann, und untersuche den Text auf weitere Wertungen.
3. Stelle fest, was in M2 unter „deutschem Nationalismus" verstanden wird und wie Kurt Sontheimer (M4) die Wirkung des Buches bewertet.

M2 Neuer Nationalismus

Der Schriftsteller Arthur Moeller van den Bruck (1876 bis 1925) schrieb 1923 in seinem Buch „Das Dritte Reich“:

Der deutsche Nationalismus ist Streiter für das Endreich … Und es ist die besondere Verheißung des deutschen Volkes, die ihm alle anderen Völker streitig machen. Sie haben im Weltkrieg das Reich um des Reiches willen bekämpft, um der Weltherrschaft willen, an der wir unseren materiellen Anteil haben wollten … Es gibt nur Ein Reich, wie es nur Eine Kirche gibt. Was sonst diesen Namen beansprucht, das ist Staat, oder das ist Gemeinde oder Sekte … Der deutsche Nationalismus kämpft für das mögliche Reich … Der deutsche Nationalist … hat erfahren, dass im Umkreis der Zivilisation dieser Völker, die sich mit Selbstgefälligkeit die westliche nennt, … der Mensch nicht stieg, sondern sank. In dieser sinkenden Welt, die heute die siegreiche ist, sucht der Nationalist das Deutsche zu retten.

Zit. nach Harry Pross (Hg.), Die Zerstörung der deutschen Politik, Frankfurt a. M. (Fischer) 1963, S. 354 f.

4 Erläutere M3. Überlege, welche Absicht mit der zeitgenössischen Karte verbunden war.

M4 Das „Dritte Reich“ – ein Mythos

Der Historiker und Politikwissenschaftler Kurt Sontheimer stellte 1962 fest:

Das Buch Moellers hat in zwei verschiedenen Richtungen gewirkt. Der Titel des Werkes kam durch die Verwendung der Parole vom Dritten Reich* seitens der Nationalsozialisten zu einer besonderen Wirkung … Die andere bleibende und nachhaltige Wirkung des Buches lag in der Verachtung der demokratischen und liberalen Institutionen … Diese war mit der Wirksamkeit eines geschickt gehandhabten Propagandaslogans zwar nicht zu vergleichen, aber sie war von außerordentlicher Bedeutung für die politische Meinungsbildung eines großen Teiles der national eingestellten deutschen Intellektuellen[1], denn Moellers Drittes Reich war gleichsam die Bibel des jungen Nationalismus. Die Reichsidee … gewann als Idee vom Dritten Reich eine mythische[2] Kraft …; sie wurde zum Banner einer immer mächtiger anschwellenden nationalen Bewegung.

Kurt Sontheimer, Antidemokratisches Denken in der Weimarer Republik, München (dtv) 1978, S. 239 ff.

1 an geistigen Dingen interessierte Person, meist mit Universitätsausbildung 2 (griech.) Mythos = Wort, Sage. Eine nicht beweisbare Vorstellung mit dem Anspruch auf Wahrheit, z. B. Ursprungsgeschichten über Völker.

M3 Zeitgenössische Karte über die Folgen des Versailler Vertrages. Diese Karte wurde in Schulbüchern der Weimarer Republik abgedruckt.

M5 Kommunistische Demokratiekritik

Ernst Thälmann (1886–1944), Vorsitzender der KPD, 1933 verhaftet und 1944 im Konzentrationslager Buchenwald ermordet, schrieb 1925:

Arbeiter! Ausgebeutete!
Nicht mit der Bourgeoisie – nur im Kampf gegen ihre schwarzrotgoldenen Agenten könnt ihr die stärkste Ausbeutung und Unterdrückung, die Auslieferung als Kanonenfutter für neue Imperialistenkriege verhindern.
Nur das revolutionäre Proletariat, das die Monarchie im November 1918 zerschlagen, das den Kampf für die sozialistische Republik geführt hat und von Ebert und Hindenburg blutig niedergeschlagen wurde, … kann die Schlacht gegen die reaktionäre Bourgeoisie schlagen. Diese Schlacht wird nicht mit dem Stimmzettel geschlagen … Heraus zur Massendemonstration gegen die monarchistische Reaktion, gegen ihre Schrittmacher, die schwarzrotgoldenen Reaktionäre! Für die rote Klassenfront des Proletariats!

Die Rote Fahne, 12. April 1925. Zit nach Udo Margedant/Friedhelm Meyer zu Natrup (Hg.), Die Weimarer Republik, Frankfurt a. M. (Cornelsen Hirschgraben) 1988, S. 44 f.

M6 Nationalsozialismus und Weimarer Demokratie

Adolf Hitler (1889–1945), NSDAP-Vorsitzender, äußerte sich am 24. September 1930 als Zeuge beim Ulmer Reichswehrprozess[1] vor dem Reichsgericht in Leipzig zur „Legalität“:

Die nationalsozialistische Bewegung wird in diesem Staate mit den verfassungsgemäßen Mitteln das Ziel zu erreichen versuchen. Die Verfassung schreibt uns nur die Methoden vor, nicht aber das Ziel. Wir werden auf diesem verfassungsgemäßen Wege die ausschlaggebenden Mehrheiten in den gesetzgebenden Körperschaften zu erlangen versuchen, um in dem Augenblick, wo uns das gelingt, den Staat in die Form zu gießen, die unseren Ideen entspricht.

Zit. nach Udo Margedant/Friedhelm Meyer zu Natrup (Hg.), Die Weimarer Republik, Frankfurt a. M. (Cornelsen Hirschgraben) 1988, S. 92.

1 Prozess gegen drei nationalsozialistische Offiziere wegen „Vorbereitung zum Hochverrat“. Im Prozess ging es auch um die Frage: gewalttätige bzw. legale Machtergreifung durch die NSDAP?

M7 Völkische Demokratiekritik

Der Schriftsteller Karl Nüse schrieb 1924:

Das Parteiwesen und der daraus resultierende Parlamentarismus sind durch und durch undeutsch und widervölkisch, weil sie nicht naturgesetzlich von unten heraufgewachsen sind, sondern gewaltsam nach fremden Vorbildern geschaffen wurden. Die Parteien zerreißen die Einigkeit der Volksgemeinschaft und lassen die Einheit von Volk und Staat nicht zu, weil jede nach Vorherrschaft und nach Besetzung von Ämtern strebt. Der auf dem Parteiwesen beruhende Parlamentarismus ist der verkörperte Volksbetrug, denn dem Volke wird vorgegaukelt, er verbürge die Volksherrschaft, während das Wesen des Parlamentarismus … Parteiherrschaft übelster Art ist.

Karl Nüse, Der völkische Neuaufbau Deutschlands, Leipzig (Weicher) 1924, S. 71.

M8 Flugblatt des Reichsbundes jüdischer Frontsoldaten, um 1920

Walther Rathenau

Walther Rathenau wurde 1867 in einer jüdischen Industriellenfamilie geboren, sein Vater war der Gründer der AEG. 1921 wurde er Wiederaufbauminister, 1922 deutscher Außenminister.
Rathenau, der Mitglied der DDP war, verfasste auch einige Werke zur Wirtschaftspolitik und zu gesellschaftlichen Fragen. Am 24. Juni 1922 wurde er von zwei antisemitisch eingestellten ehemaligen Offizieren auf der Fahrt ins Auswärtige Amt erschossen.

M9 Antisemitismus in der Weimarer Republik

Der Publizist und Historiker Harry Pross schrieb 1963:

So tief war die Moral der Rechten gesunken, dass sie begann, Leistungen in Literatur, Musik, Wissenschaft und Technik danach zu beurteilen, ob sie von „Juden" oder von „Deutschen" stammten ... Hier seien lediglich einige Namen hervorragender Juden in Erinnerung gerufen, deren Leistungen tatsächlich andere im deutschen Sprachbereich in den Schatten stellten ...: So die Physiker Einstein, Meitner, Heinrich Hertz und Reis, der das Telefon erfand. Die Maler Liebermann und Franz Marc, die Chemiker v. Baeyer, Willstätter, Wallach, Haber ... Die Medizin kann man sich ohne die Arbeiten Ehrlichs, Cohns, Wassermanns, Freuds ... nicht vorstellen ... Die Fortbildung der deutschen Sprache durch Hofmannsthal, Kafka, Buber ist ebenfalls „jüdisch" ... Die neue Verfassung [von 1919] hatte die demokratische Gleichheit verwirklicht, deren Idee die Antisemiten schon in den 1850er-Jahren bekämpft hatten ... Die „Judenrepublik" musste zerstört werden. So lautete der ständige Slogan einer einflussreichen Presse, die kurzerhand als „jüdisch" bezeichnete, was demokratisch, liberal oder sozialistisch war.

Harry Pross (Hg.), Die Zerstörung der deutschen Politik, Frankfurt a. M. (Fischer) 1963, S. 241 f.

M10 Synagogenschändungen

Aus einer Erhebung des Centralvereins deutscher Staatsbürger jüdischen Glaubens von 1932:

Zwischen 1923 und 1932 (1. Halbjahr) gab es in Deutschland 125 Schändungen (Beschmutzungen, Verwüstungen) von Synagogen. 1930:

– Spandau bei Berlin: Mit ätzender Flüssigkeit eingebrannt: „Schlagt die Juden, wo ihr sie trefft!" und mehrere große Hakenkreuze.

– Berlin: In der Nacht vom 16. zum 17. Februar wurde die Synagoge Kottbuser Tor in einer Weise besudelt, wie dies bisher weder in Berlin noch im Reich der Fall war. 20 Hakenkreuze in Höhe von je einem Meter bedeckten die ganze Front des Gotteshauses und seine Türen. Über die ganze Breite der Fassade erstreckten sich die Worte „Juda, verrecke, Judas den Tod, die Rache naht".

Zit. nach Harry Pross (Hg.), Die Zerstörung der deutschen Politik, Frankfurt a. M. (Fischer) 1963, S. 261 f.

M11 „Der Feind steht rechts!"

Reichskanzler Dr. Wirth (Zentrumspartei) erklärte am 25. Juni 1922 nach der Ermordung von Walther Rathenau (siehe Kasten S. 214) in einer Rede vor dem Reichstag:

Ist es eine Schande, wenn wir mit jenem gemäßigten Teil des französischen Volkes, der die Probleme nicht nur unter dem Gesichtspunkt sieht: „Wir sind die Sieger, wir treten die Boches [frz. Schimpfwort für die Deutschen] nieder, heraus mit dem Säbel, Einmarsch ins Ruhrgebiet", wenn wir durch persönliche Beziehungen mit allen Teilen der benachbarten Nationen zu einer Besprechung der großen Probleme kommen? Dr. Rathenau war wie kaum einer zu dieser Aufgabe berufen ... Wenn dann ein Mann wie Rathenau über trennende Grenzpfähle hinaus ... die großen Probleme der Kulturentwicklung Europas und der Wirtschaft organisatorisch durch seine Arbeiten in allen Ländern, dann als Staatsmann im Auswärtigen Amt ... gefördert hat, dann hat er damit dem deutschen Volke einen großen Dienst erwiesen ... In diesem Sinne müssen alle Hände, muss jeder Mund sich regen, um endlich in Deutschland diese Atmosphäre des Mordes, des Zankes, der Vergiftung zu zerstören! Da steht (nach rechts) der Feind, der sein Gift in die Wunden eines Volkes träufelt. – Da steht der Feind – und darüber ist kein Zweifel: Dieser Feind steht rechts!

Zit. nach Wolfgang Elben, Die Weimarer Republik, 7. Aufl., Frankfurt a. M. (Diesterweg) 1985, S. 50 f.

5 Vergleiche, wie die Autoren von M5 und M7 die parlamentarische Demokratie bewerten.

6 Formuliere anhand von M6 Hitlers Einstellung zur Weimarer Republik.

7 Analysiere M8. Formuliere die Kernaussage.

8 Erarbeite an M9 und M10, wie sich Antisemitismus in der Weimarer Republik zeigte, und untersuche, wie der Begriff „jüdisch" von den Antisemiten verwendet wurde.

9 Fertigt nach dem Beispiel des Personenkastens in Partnerarbeit Kurzbiographien der in M9 genannten Personen an und tragt sie vor.

10 Analysiere M11 mithilfe der Methode „Quellenanalyse".

Deutsche Außenpolitik in den 1920er-Jahren

Rückkehr in die Völkergemeinschaft

Die deutsche Außenpolitik nach dem verlorenen Ersten Weltkrieg wurde vor allem durch die Folgen des Versailler Vertrages bestimmt. Dabei gingen die Diskussionen darum, auf welche Art und Weise die in Deutschland allgemein als hart empfundenen Friedensbedingungen, wie Heeresbeschränkungen, Reparationslasten und erhebliche Gebietsverluste, gemildert bzw. rückgängig gemacht werden konnten. Begriffe wie „Ausgleich", „Verständigung" und „Revision" (siehe Revisionismus) spielten eine wichtige Rolle.

Außenminister Gustav Stresemann (1878–1929), Mitglied der Deutschen Volkspartei, übte das Amt von 1923 bis zu seinem Tode 1929 aus und prägte die Außenpolitik der Weimarer Republik entscheidend. Ihm gelang es, einige für Deutschland wichtige internationale Verträge zu schließen und die junge Weimarer Demokratie in die Gemeinschaft des Völkerbundes zu führen.

M1 **Der deutsche Außenminister Gustav Stresemann während seiner ersten Rede vor dem Völkerbund in Genf,** Foto, 10. September 1926. Zusammen mit dem französischen Außenminister Aristide Briand (1862–1932) erhielt Stresemann 1926 den Friedensnobelpreis.

M2 Außenpolitische Ziele 1925

Aus der Reichstagsdebatte über den Vertrag von Locarno, 24. November 1925, die mit einer klaren Zustimmung zu den Verträgen endete:

Otto Wels (SPD): Die west- und mitteleuropäischen Staaten sind wirtschaftlich und politisch heute so eng miteinander verbunden, dass jede politische, jede wirtschaftliche Erschütterung in einem derselben in ihren Folgewirkungen allgemein schwer empfunden wird … Was … in Europa fehlte, das Bedürfnis nach europäischer Solidarität, das ist heute ein sichtbares Bedürfnis aller europäischen Völker geworden.
Kuno Graf von Westarp (DNVP): Die Grundgedanken unseres Widerspruchs gegen … Locarno: Jeder Verzicht auf deutsches Land, jede erneute freiwillige Anerkenntnis des Versailler Diktats sollte durch … Verträge ausgeschlossen sein … Wir müssen uns die Handlungsfreiheit nach Osten freihalten, auch im Hinblick auf die östlichen Grenzen Deutschlands.

Verhandlungen des Reichstags. Stenographische Berichte, Bd. 368, Berlin, 1925, S. 4485 ff.

Deutsche Außenpolitik 1922–1929

16. April 1922 Vertrag von Rapallo zwischen Deutschland und Sowjetrussland: außenpolitische und wirtschaftliche Annäherung; gegenseitiger Verzicht auf Ersatz von Kriegsschäden; Ausbau der Wirtschaftsbeziehungen.

29. August 1924 Dawesplan (nach dem amerikanischen Bankier Dawes): Festlegung von Höhe und Laufzeit der deutschen Reparationen nach dem Ersten Weltkrieg.

5.–16. Oktober 1925 Konferenz von Locarno: Anerkennung der Grenzen zu Frankreich und Belgien durch Deutschland, wie in Versailles festgelegt; Verzicht auf Gewalt; Durchbrechen der außenpolitischen Isolierung.

8. September 1926 Aufnahme Deutschlands in den Völkerbund.

21. August 1929 Youngplan (nach dem amerikanischen Unternehmer Young): Neuregelung der Reparationen; durch das Moratorium des US-Präsidenten Hoover (1931) und das Lausanner Abkommen (1932) werden die Zahlungen ausgesetzt.

M3 Die Aufgaben der deutschen Außenpolitik

Gustav Stresemann (1878–1929) schrieb im September 1925 dem ehemaligen deutschen Kronprinzen:

3A Die deutsche Außenpolitik hat nach meiner Auffassung für die nächste absehbare Zeit drei große Aufgaben:
Einmal die Lösung der Reparationsfrage in einem für Deutschland erträglichen Sinne und die Sicherung des Friedens, die die Voraussetzung für eine Wiedererstarkung Deutschlands ist.
Zweitens rechne ich dazu den Schutz der Auslandsdeutschen, jener 10 bis 12 Millionen Stammesgenossen, die jetzt unter fremdem Joch in fremden Ländern leben.
Die dritte Aufgabe ist die Korrektur der Ostgrenzen: die Wiedergewinnung Danzigs, des polnischen Korridors und eine Korrektur der Grenze Oberschlesiens.
Im Hintergrund steht der Anschluss von Deutsch-Österreich, obwohl ich mir sehr klar darüber bin, dass dieser Anschluss nicht nur Vorteile für Deutschland bringt.

Aus der letzten Rede Stresemanns vor dem Völkerbund am 9. September 1929:

3B Was erscheint denn an Europa, an seiner Konstruktion vom wirtschaftlichen Gesichtpunkte aus so außerordentlich grotesk? Es erscheint mir grotesk, dass die Entwicklung Europas nicht vorwärts-, sondern rückwärtsgegangen zu sein scheint ... Ist es nicht grotesk, dass Sie aufgrund neuer praktischer Errungenschaften die Entfernung von Süddeutschland nach Tokio um 20 Tage verkürzt haben, sich aber in Europa selbst stundenlang mit der Lokomotive irgendwo aufhalten lassen müssen, weil eine neue Grenze kommt ... Wo bleibt in Europa die europäische Münze, die europäische Briefmarke? ... Wir ... haben die nüchterne Aufgabe, die Völker einander näherzubringen, ihre Gegensätze zu überbrücken. Zweifeln wir nicht daran: ... Es gibt Gegensätze. Es handelt sich um harte Arbeit: vorwärtszukommen, diese Gegensätze zu vermindern und uns jenem Zustand zu nähern, den wir alle erhoffen.

M3A und M3B zit. nach Geschichte in Quellen, Bd. 5, München (bsv) 1961, S. 216, 225 f.

M4 Polen – Kern des Ostproblems?

General von Seeckt, Chef der Heeresleitung von 1920 bis 1926, äußerte am 11. 9. 1922 über die deutsche Ostpolitik:

Eine Verbindung Deutschlands mit Russland ist der erste und bisher fast einzige Machtzuwachs, den wir seit dem Friedensschluss erreichten ... Mit Polen kommen wir nun zum Kern des Ostproblems. Polens Existenz ist unerträglich ... Es muss verschwinden ... Polen ist für Russland noch unerträglicher als für uns ... Mit Polen fällt eine der stärksten Stützen des Versailler Friedens, die Vormachtstellung Frankreichs.

Der Monat, Nr. 2, 1948/49, S. 44 ff. Zit. nach Geschichte in Quellen, Bd. 5, München (bsv) 1961, S. 180 f.

1 Vergleiche die in M2 vorgetragenen Positionen. Erarbeite, welche Haltungen zum Thema Ostpolitik in M2 und M4 deutlich werden.
2 Erarbeite die Aussagen von M3A/M3B und vergleiche. Wodurch unterscheiden sich die Äußerungen?
3 Erläutere, wie der Autor von M5 den Vertrag von Locarno für die deutsche Außenpolitik beurteilt.
4 Fasse zusammen: Ziele der deutschen Außenpolitik in der Weimarer Republik.

M5 Friedensfördernde Wirkungen?

Der Historiker Heinrich August Winkler urteilte 1993:

Die Westmächte hatten Deutschland Zugeständnisse gemacht, weil sie sich von seiner vertraglichen Einbindung mäßigende und friedensfördernde Wirkungen versprachen. Die Mitgliedschaft im Völkerbund erschien ihnen als ein besonders geeignetes Mittel, um den deutschen Revisionismus zu zügeln ... Auch aus Stresemanns Sicht trug Locarno dazu bei, den Frieden sicherer zu machen. Aber zugleich waren die Verträge für ihn doch nur eine Etappe auf dem Weg zu einer umfassenden Abkehr von der Nachkriegsordnung. Das Vertragswerk vom Oktober 1925 bedeutete für Stresemann die Erreichung eines Nahziels: den Handlungsspielraum Deutschlands durch Verständigung mit dem Westen so zu erweitern, dass es, trotz verbleibender Beschränkungen seiner Souveränität, wieder die Politik einer Großmacht betreiben konnte. Dazu gehörte auch eine härtere Gangart gegenüber Polen, das seine Forderung nach einem „Ost-Locarno" nicht durchsetzen konnte.

Heinrich August Winkler, Weimar 1918–1933, München (C. H. Beck) 1993, S. 308.

Deutsche Außenpolitik – Kontinuität und Brüche

Deutsche Außenpolitik im Vergleich

Für die Folgen des verlorenen Ersten Weltkrieges wurden vielfach die demokratisch gewählten Regierungen der Weimarer Republik verantwortlich gemacht. Dass sie auch in der Außenpolitik 1918/19 nicht bei null beginnen konnten, macht ein Blick zurück deutlich – vom Kaiserreich bis zur Weimarer Republik.

M1 Bismarcks Außenpolitik – vertanes Erbe?

Der Historiker Ernst Engelberg schrieb 1995:

Als Grundlage seiner Außenpolitik galt Bismarck nach 1871 die territoriale Saturiertheit[1] des Reiches und Nichteinmischung in fremde Angelegenheiten. Davon ausgehend, strebte er ohne Unterlass die Sicherheit des Reiches durch das Gleichgewicht sowohl gegen Frankreich als auch gegen Russland [an]. Seine diplomatischen Bemühungen gingen dahin, Frankreich an einem antideutschen Bündnis zu hindern ... Als der auf drei Jahre abgeschlossene Rückversicherungsvertrag 1890 von seinen Opponenten in Berlin nicht mehr erneuert wurde, förderten diese die französisch-russische Annäherung, die zum Bündnis von 1893 führte. Die gefürchtete Ost-West-Klammer erweiterte sich seit 1903 durch England zur Gefahr einer Einkreisung. Was Bismarck stets befürchtet hatte, zeigte sich jetzt in vollem, katastrophalen Ausmaß. Russland war allmählich bereit für ein antideutsches Einvernehmen mit der kriegsentscheidenden Weltmacht England. Noch ein halbes Jahr vor seinem Tode meinte der Altkanzler zur angekündigten Weltpolitik, Deutschland sollte sich auf überseeische Besitzungen nur einlassen, wenn dadurch kein Konflikt mit anderen Großmächten entstünde. Das Bedürfnis, überall dabei zu sein, widerspräche dem realen Interesse Deutschlands ... Die voraussehende Warnung Bismarcks, Umsicht und Vorsicht in internationalen Beziehungen walten zu lassen, wurde sowohl von seinen Nachfolgern wie auch vom liberalen Großbürgertum in sträflicher Weise missachtet: Damit wurde sein überaus wichtiges außenpolitisches Erbe in folgenschwerer Weise vertan.

Ernst Engelberg, Vom Preußisch-Konservativen zum Reichskanzler, in: Praxis Geschichte, Heft 5, 1995, S. 9.

1 Zufriedenheit mit der räumlichen Ausdehnung

M2 **Bismarck,** Zeichnung von Julius Dietz, 1915. Beispiel für den zunehmenden Kult und Mythos um den verstorbenen Bismarck zur 100. Wiederkehr seines Geburtstages.

M3 Außenpolitik unter Wilhelm II. – Geopolitik?

Der Historiker Dirk van Laak schrieb 2005:

Expansion war das Gebot der Stunde und wurde etwa vom Geographen Friedrich Ratzel „wissenschaftlich" untermauert. Seine politische Erdkunde erhob die „Raumbewältigung" eines Volkes zum zentralen Kriterium ... Sein Buch „Der Lebensraum" von 1901 half, den Begriff in Deutschland zu popularisieren. Er verknüpfte sich mit der Vorstellung von „jungen", in die Welt hinausstrebenden Völkern im Gegensatz zu „alten", die sich, etwa auf dem Bündnis- und Vertragswege, immer fester in ihren Grenzen einrichteten ... Vielen Deutschen, namentlich Wilhelm II., erschien es, als müsse Deutschland, das für einen Landkrieg bereits hochgerüstet war und über eine selbstbewusste Militärkaste verfügte, insbesondere seine Präsenz zur See verstärken, um weltpolitisch nicht ins Hintertreffen zu geraten.

Dirk van Laak, Über alles in der Welt, München (C. H. Beck) 2005, S. 75 f.

Deutsche Außenpolitik

I. Unter Bismarck

– Anspruch auf eine Großmachtrolle
– keine territoriale Ausdehnung in Europa
– Erhaltung des Gleichgewichts unter den Großmächten
– Vermittlerrolle Deutschlands zur Sicherung der eigenen Position
– Friedenssicherung durch ein System von Bündnisverträgen
– Kolonialpolitik zum Schutz wirtschaftlicher Unternehmungen

BÜNDNIS- UND GLEICHGEWICHTSPOLITIK IN EUROPA

II. Unter Wilhelm II.

– Aufholen der „Verspätung" des Reiches gegenüber den „alten" Mächten
– Streben nach einer Weltmachtrolle
– große Kriegsflotte als Instrument für eine imperialistische Politik
– weltweite Einmischung in Konflikte zur Vertretung eigener Interessen
– „Opferappell" an das deutsche Volk
– kraftvolles Auftreten nach außen zur Verdeckung von Konflikten und Spannungen im Inneren

WELTPOLITIK

III. Unter Stresemann

– Lösung der Reparationsfrage
– Schutz der Auslandsdeutschen in den verlorenen Gebieten
– Verständigung mit dem Westen (Anerkennung der neuen Grenzen)
– Politik des Offenhaltens der Ostgrenze zu Polen
– Mitgliedschaft im Völkerbund
– Streben nach gleichberechtigter Großmachtrolle
– Zusammenarbeit in Europa

VERSTÄNDIGUNGS- UND REVISIONSPOLITIK

M4 Außenpolitik in der Weimarer Republik – Verständigung und Revision?

Der Historiker und Journalist Wolfgang Michalka schrieb 1988:

Die zentrale Aufgabe in dieser ersten Phase der Weimarer Außenpolitik bestand vor allem darin, eine akzeptable, d. h. erfüllbare Lösung des Reparationsproblems erreichen zu können. Diese Problematik bestimmte die internationalen Konferenzen der Jahre 1920 bis 1924 … Es war Stresemanns zentrales Ziel, dem Deutschen Reich zum Wiederaufstieg zur souveränen und im internationalen System gleichberechtigten Großmacht zu verhelfen. Voraussetzung dazu sollte … das deutsche Wirtschaftspotenzial sein … Damit verwarf er ausdrücklich machtpolitische Konzepte jener Gruppen in der Reichswehr, im Auswärtigen Amt und in der Industrie, die im Bündnis mit dem sowjetischen Russland mit kriegerischen Mitteln eine Revanchepolitik betreiben wollten, um letztlich wieder an die deutschen Kriegsziele anzuknüpfen.

Wolfgang Michalka, Deutsche Außenpolitik 1920–1933, in: Karl Dietrich Bracher u. a. (Hg.), Die Weimarer Republik 1918–1933, 2. Aufl., Bonn (BpB) 1988, S. 309, 314 f.

M5 Plakat der Deutschnationalen Volkspartei (DNVP) zur Reichstagswahl 1928

1 Erarbeite anhand von M2, wie der verstorbene Bismarck für politische Zwecke „verwendet" wurde. Achte besonders auf die Jahreszahl 1915.

2 Erläutere den Kasten und erarbeite in einem Vergleich der drei „Modelle" deutscher Außenpolitik Gemeinsamkeiten und Unterschiede.

3 Beantworte die Fragen in den Überschriften zu M1, M3 und M4. Gib jeweils eine ausführliche Begründung mit Belegen aus den Texten.

4 Stelle fest, welche Aussage mit dem Wahlplakat M5 gemacht werden sollte und formuliere, welches „Modell" von Außenpolitik dahintersteht.

Das Warenhaus – Schauplatz des Massenkonsums

Kaufhäuser – Kinder der Industriegesellschaft?

Die Geschichte der Industrialisierung wird häufig unter dem Gesichtspunkt der produzierenden Industrien betrachtet, wie der Eisen- und Stahl-, der Textil- und Maschinenbauindustrie. Dabei wird leicht übersehen, dass die Produktion von Gütern kein Selbstzweck ist – im Gegenteil: Sie ist nur sinnvoll, wenn der Absatz der Waren mit einiger Wahrscheinlichkeit gesichert ist. Neben der Produktion waren deshalb auch immer Verkauf und Konsum wichtig. Die industrielle Produktionsweise wäre im 19. Jahrhundert deshalb ohne das „Ladengeschäft" nicht durchsetzbar gewesen. Es ergänzte die Jahr- und Wochenmärkte sowie die Hausierer und Trödler, die ohne eigentliche Verkaufsräume ihre Waren absetzten. Das Ladengeschäft ermöglichte an einem von Jahreszeit und Wetter unabhängigen Ort, die Ware zu betrachten, zu prüfen und zu erwerben. Noch stärkere Kaufanreize in einem besonderen Ambiente boten seit dem Ende des 19. Jahrhunderts die ersten Warenhäuser. Sie sprachen alle gesellschaftlichen Schichten an und wurden zu einem wichtigen Baustein der entstehenden Industriegesellschaft.

In Bayern entstanden Warenhäuser in nennenswertem Umfang erst nach 1900. Das hatte vor allem städtebauliche und denkmalschützerische Gründe.

M1 **Warenhaus H. Tietz & Co., Nürnberg, Ludwigstraße,** zeitgenössisches Foto. Eröffnet 1913 mit 500 Beschäftigten. Das Gebäude setzt, trotz zahlreicher Veränderungen, heute noch einen städtebaulichen Akzent.

M2 **Warenhaus Schocken, Nürnberg, Aufseßplatz,** zeitgenössisches Foto. Eröffnet 1926 als „Billigwarenhaus" in einem großflächigen Arbeiterviertel; „Zweckbau", einmalig in Bayern in den 20er-Jahren; im Zweiten Weltkrieg zerstört.

M3 **Mehr als nur einkaufen?**

Der spätere Reichskanzler und Außenminister Gustav Stresemann schrieb 1900 in einem wissenschaftlichen Aufsatz über die Berliner Warenhäuser:

Inzwischen haben es die Warenhäuser sich angelegen sein lassen, immer mehr zur Bequemlichkeit der Kunden zu thun … Wenn man heute in einer Familie hört: Wir gehen zu Wertheim, so heißt das nicht in erster Linie, wir brauchen irgendetwas Besonderes notwendig für unsere Wirtschaft, sondern man spricht wie von einem Ausfluge, den man etwa nicht nach irgendeinem schönen Orte der Umgebung macht. Man wählt sich dazu einen Nachmittag, an dem man möglichst viel Zeit hat, verabredet sich womöglich noch mit Bekannten. In der Leipziger Straße angekommen, bewundert man erst eine ganze Zeit lang die Schaufenster, … sieht sich die verschiedensten Auslagen an, kauft vielleicht hier und da, lässt sich durch den Fahrstuhl nach dem ersten Stock befördern und nimmt womöglich eine Tasse Chocolade nebst dem obligaten Stück Torte oder Apfelkuchen … Und wenn man an der Uhr plötzlich sieht, dass es höchste Zeit sei, heimzukehren, so macht man oft wohl gleichzeitig die Wahrnehmung, dass man anstatt der einen Cravattenschleife, die man anfänglich kaufen wollte, mit einem ganzen Bündel der verschiedenartigsten Sachen beladen ist.

Gustav Stresemann, Die Warenhäuser. Zit. nach Praxis Geschichte, H. 4, 1998, S. 38.

M4 Verderbliche Einflüsse auf die Jugend

In der Zeitung „Deutsches Blatt" war 1903 über die Auswirkungen der Warenhäuser auf die Jugend zu lesen:

Noch gefährlicher gestaltet sich dieses „Umherbummeln" in den Warenhäusern für die heranwachsende Jugend. Sie gewöhnt sich schon frühzeitig an dieses gewissermaßen so spielend vor sich gehende Einkaufen und wird wohl in neunzig von hundert Fällen es vorziehen, ihre Einkäufe hier zu machen als in mittleren Geschäften, in denen es so ehrbar und demnach „langweilig" vor sich hergeht. Die Jugend ... wird hier systematisch zur „Oberflächlichkeit" herangebildet... Der Geschmack wird verdorben, denn woher soll eine künstlerische, nur wirklich echten Dingen den Vorzug gebende Geschmacksrichtung herkommen, wenn man tagtäglich minderwertige Schundware, allerdings in bestechendem buntem Gewande, vor sich sieht. In jeder Weise zeigt sich der verderbliche Einfluss der Warenhäuser.

E. H. Nickel, Die Warenhäuser als Zerstörer des Familienlebens. Zit. nach Praxis Geschichte, H. 4, 1998, S. 39.

M6 Innenansicht des Warenhauses Wertheim in Berlin, Foto, 1906

M5 „Keinen Schritt ins Warenhaus!"

In einer „Aufklärungsschrift über die Warenhäuser" hieß es 1904:

Warum ist es unverständig und unrecht, im Warenhause zu kaufen?
Wie kommt es ..., dass die Kundschaft in großen Massen in diese Warenhausbetriebe hineinläuft? ... Das Warenhaus bietet zur Täuschung der Käufer in den Schaufenstern und in den Anzeigen vielfach Lockmittel zu und unter Einkaufspreis an. Kommen nun, angelockt durch diese Dinge, die Käufer in großen Massen dahin, so sind die Lockartikel entweder grade ausverkauft oder schwer aus dem Schaufenster herauszubekommen und was all dergleichen Ausreden mehr sind... Unrecht begeht die Frau, welche in die Warenhäuser hineinläuft, durch den verhältnismäßig vielfach zu teuern Einkauf ihrer Familie, ihren Kindern gegenüber, weil sie ihre Gelder, die meistens von dem Manne unter sauren Anstrengungen erworben werden mussten, leichtsinnig und gedankenlos verschwendet. Der Arbeiterstand und vor allen Dingen die Arbeiterfrau sollte bedenken, dass Einkauf in den Warenhäusern meistens eine Unterstützung der so genannten Basarindustrie bedeutet, die ihren Arbeitern vielfach die allerelendesten Schundlöhne bezahlt. Die Frau aus dem Mittelstande (denn auch diese laufen leider manchmal in die Warenhäuser) muss beachten, dass sie die Existenz des Standes, dem ihr Mann und sie selber angehört, mit untergraben hilft, dass sie wirtschaftlichen Selbstmord und damit ein gewaltiges, himmelschreiendes Unrecht begeht. Aber auch die Frauen der Reichen möchten wir noch belehren, dass Reichtum in gewaltiger Weise dazu verpflichtet, den Reichtum in würdiger Weise anzuwenden, das geschieht nicht durch den Einkauf in den großkapitalistischen Warenhausbetrieben, sondern durch Unterstützung der soliden kleinen und mittleren Gewerbetreibenden.

Schutzverein zur Bekämpfung der Warenhäuser Hamburg (Hg.), Aufklärungsschrift über die Warenhäuser, Presseabteilung/Archiv, Karstadt AG, Essen, Pfingst-Nummer 1904.

1 Erkläre mithilfe des Darstellungstextes und M1, M2, M3 und M6 die Entstehung und Funktion von Warenhäusern und ihre Anziehungskraft auf die Menschen.

2 Untersuche an M4 und M5 die Kritik an den Warenhäusern. Nimm Stellung.

M7 Warenhäuser in der Weimarer Republik

Der Historiker Claus Pese schrieb 1985:

Wie alle wirtschaftlichen Neuerungen, so hatten auch die Warenhäuser viele Feinde. Dies war … [auch] nach dem Ersten Weltkrieg so, als die typischste Partei des Mittelstands in Deutschland, die Nationalsozialistische Deutsche Arbeiter-Partei, gegen die Warenhäuser wetterte, weil sie angeblich als Einrichtung „volksfremder Hetzer" und Angehöriger des „internationalen Judentums" den „deutschen Kaufmann" vernichteten … Freilich konnte niemand und nichts die Entfaltung der Warenhäuser verhindern. Ihr ebenso einfaches wie geniales Prinzip musste zum Erfolg führen … Mit der Entwicklung der öffentlichen Verkehrsmittel wurden den Warenhäusern auch die Bewohner der entfernter gelegenen Stadtteile erschlossen. Dank der extrem langen Öffnungszeiten [ab 7.00 bis 20.00, samstags auch bis 22.00 Uhr] war es auch den berufstätigen Menschen möglich, nach Feierabend noch im Warenhaus einzukaufen.

C. Pese, Das Warenhaus, in: Leben und Arbeiten im Industriezeitalter, hg. vom Germanischen Nationalmuseum Nürnberg, Stuttgart (Theiss) 1985, S. 571 f.

M8 Umsatz und Anteil der Warenhäuser am Gesamtumsatz des deutschen Einzelhandels 1900–1927

1900	rund 50 Millionen Mark	rund 0,5 %
1913	500–600 Millionen Mark	2,5 %
1926	rund 1500 Millionen Mark	5,0 %
1927	über 1600 Millionen Mark	rund 5,5 %

Zusammengestellt nach G. Bach, Die Entstehung und volkswirtschaftliche Bedeutung der Warenhäuser, in: Industrie-Bibliothek, Bd. 36, Berlin (Max Schröder) 1929.

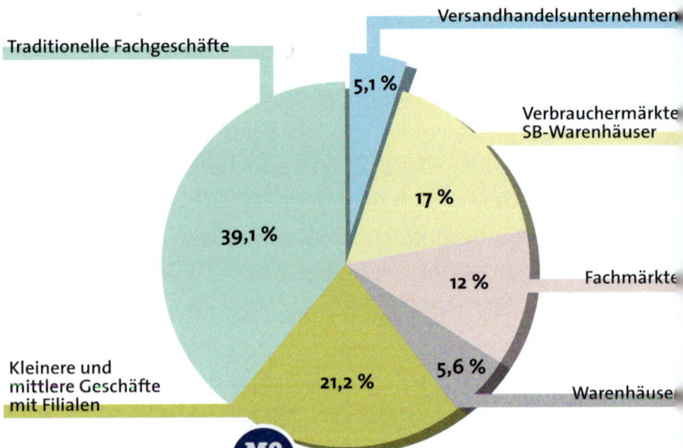

M9 Marktanteile am deutschen Einzelhandel 1992 (Schätzung)

Daten zur Geschichte des Warenhauses

1835 Aus einem kleinen Stoffhandel entwickelt sich in Manchester das „Kendals" zum ersten Kaufhaus Europas.

1852 Aristide Boucicaut führt in seinem Kurzwarenladen in Paris neue Geschäftsprinzipien ein: kleinere Gewinnspannen zur Umsatzsteigerung, Festpreise, Barzahlung, kein Kaufzwang, Umtausch, kostenlose Warenzustellung, zugkräftige Reklame.

1853 Charles Henry Harrod, Inhaber von Tee- und Lebensmittelläden, gründet in London eines der später berühmtesten Kaufhäuser der Welt.

1881 Rudolph Karstadt eröffnet in Wismar ein „Tuch-, Manufactur- und Confectionsgeschäft".

1896 Mit dem Bau des Kaufhauses „Wertheim" in Berlin beginnt in Deutschland die Ära der großen Einkaufspaläste.

1920 Fusion der Karstadt AG mit der Althoff AG (zusammen mit 34 Verkaufshäusern).

1933 Boykottaufrufe und Zwangsmaßnahmen der Hitlerregierung gegen Kaufhäuser in jüdischem Besitz. Die Söhne von Hermann Tietz (Hertie) gehen ins Exil.

3 Bewerte mithilfe von M8 den in M4, M5 und M7 angesprochenen Widerstand der mittelständischen Konkurrenz. Stelle einen Bezug zu M9 her.

4 Zeige anhand des Datenkastens zur Geschichte des Warenhauses, wo und in welchen Branchen sie entstanden und welche Innovationen gegenüber dem bisherigen Einzelhandel festzustellen sind.

5 Erläutere und bewerte die These, die Warenhäuser hätten zur „Demokratisierung des Konsums" beigetragen. Nimm die Seiten 32 bis 34 zu Hilfe und ziehe auch deine Kenntnisse zur Weimarer Republik mit heran.

6 Erkundet in Partnerarbeit, wie sich an eurem Wohnort bzw. Schulort die Situation der Warenhäuser in unserer Zeit geändert hat.

Die Fabrik – Schauplatz der Massenproduktion

„Rationalisierung“ der Arbeitsabläufe

Die Fabrik als Ort der Produktion war bereits seit dem 18. Jahrhundert ein wichtiges Element der in England beginnenden Industrialisierung. Vom Handwerksbetrieb und der Manufaktur unterschied sie sich vor allem durch die umfangreichere Ausstattung mit Maschinen. Steigende Bevölkerungszahlen, verbunden mit einer größeren Nachfrage nach Produkten des täglichen Lebens, führten in den ersten Jahrzehnten des 20. Jahrhunderts zu einer starken Ausdehnung der Großindustrie. Die Automobil- und die Elektroindustrie bildeten die „Leitbranchen“ des Aufschwungs in den 1920er-Jahren. Davon profitierten viele Zulieferindustrien wie Eisen- und Stahlwerke, Erdölindustrie, Gummiproduktion und Lackindustrie. Die Bemühungen, kostengünstig zu produzieren, richteten sich dabei nicht nur auf den Einsatz immer leistungsfähigerer Maschinen, sondern auch darauf, die menschliche Arbeitskraft im Prozess der Massenproduktion „rationeller“ einzusetzen. Neue Formen der Arbeitsteilung und Arbeitsorganisation, wie die Fließbandarbeit und die Untersuchung von Arbeitsabläufen und -verrichtungen im Betrieb, „wissenschaftliche Betriebsführung“ genannt, veränderten die traditionelle Fabrik. Arbeitsplanung und -kalkulation wurden in besonderen Büros durchgeführt. Die hohe Beschäftigtenzahl in den Großbetrieben machte eine Ausweitung der Verwaltung notwendig. So stieg die Anzahl der Angestellten zum Beispiel in Deutschland seit 1880 kontinuierlich an.

M1 **Montage von Karosserie und Fahrgestell in Fließfertigung im amerikanischen Ford-Werk Highland Park,** Foto, 1914

M2 **Preis und Produktion des Ford-Tourenwagens Modell T (1910–1921)**

Geschäftsjahr	*Preis (in $)*	*Produktion*
1910/11	780,–	34 528
1912/13	600,–	168 220
1914/15	490,–	308 213
1916/17	360,–	785 432
1918/19	525,–	533 706
1920/21	440,– bis 355,–	1 250 000

M3 **„... das Vierfache von dem zu leisten“**

Das Modell T (20 PS, 4 Zylinder, Höchstgeschwindigkeit 40 Meilen pro Stunde) wurde das erfolgreichste Auto des Autoproduzenten Henry Ford (1863–1947). Über die Prinzipien seines Unternehmens schrieb er in seinen Memoiren 1922:

Der Ford-Wagen besteht aus rund 5000 Teilen ... Bei den ersten Wagen, die wir zusammensetzten, begannen wir, das Fahrzeug an einem beliebigen Teil auf dem Fußboden zusammenzufügen, und die Arbeiter schafften die dazu erforderlichen Teile in der Reihenfolge zur Stelle, in der sie verlangt wurden – ganz so, wie man ein Haus baut ... Der erste Fortschritt in der Produktion bestand darin, dass wir die Arbeit zu den Arbeitern hinschafften, statt umgekehrt ... – einen Arbeiter, wenn irgend möglich, niemals mehr als nur einen Schritt tun zu lassen ... Ungefähr am 1. April 1913 machten wir unsern ersten Versuch mit einer Montagebahn ... Kurz ausgedrückt ist das Ergebnis folgendes: Mithilfe der Ergebnisse wissenschaftlicher Experimente ist ein Arbeiter heute im Stande, das Vierfache von dem zu leisten, was er vor noch verhältnismäßig wenigen Jahren zu leisten vermochte.

Henry Ford, Erfolg im Leben. Mein Leben und Werk, München (List) 1963, S. 49 f.

M4 „... setzedieunterlegscheibeauf“

Der amerikanische Schriftsteller John Dos Passos (1896–1970) schrieb in seinem Roman „The Big Money“ über die Arbeit bei Ford (zuerst 1936):

Bei Ford wurde die Produktion ständig verbessert: Weniger Ausschuss, mehr Aufseher, mehr kontrollierende Vorarbeiter, mehr Überwacher (15 Minuten Frühstückspause, drei Minuten auf den Gang zur Toilette), überall die tayloristische[1] Antreiberei, greife darunter, setze die Unterlegscheibe auf, ziehe die Schraube fest, schlage den Bolzen fest, greife darunter, setzedieunterlegscheibeauf, ziehedieschraubefest, greifedaruntersetzeaufschraubefestgreifedaruntersetzeauf, bis jeder Funke Leben für die Produktion aufgesaugt wurde und die Arbeiter in der Nacht nach Hause gehen wie graue, zitternde, leere Hülsen.

John Dos Passos, The Big Money, New York 1969, S. 73, 75, übers. von H. Wunderer.

1 Arbeitsorganisation nach Taylor (siehe M6)

M5 Zeit und industrielle Produktion

Der Historiker Wolfgang Ruppert schrieb 1983 über die Bedeutung der Zeit in der industriellen Gesellschaft:

Seit dem 14. Jahrhundert verbreitete sich in Europa die mechanische Zeitmessung in Form großer Uhrwerke ... Seit dem 18. Jahrhundert begann die Taschenuhr als individuell verfügbare Zeitmessung sich stärker zu verbreiten ... Pünktlichkeit gewann in der industriellen Gesellschaft den Wert einer individuellen Tugend, denn Pünktlichkeit wurde zunehmend mit Zuverlässigkeit assoziiert[1] ... Einer der entscheidenden Vorteile der Fabrik lag ... in der Synchronisation[2] verschiedener Arbeitsgänge. Die war schon allein aus dem technischen Ineinandergreifen von Antriebs- und Arbeitsmaschinen unumgänglich ... Seit etwa 1900 begann die Zeitkontrolle an den Fabriktoren, zunächst mit Kontrollmarken, die der Arbeiter in einen Messapparat einlegen musste. Seit etwa 1910 wurden dann Stechuhren eingeführt, an denen jeder Arbeiter sein Kommen und Gehen auf eine Arbeitszeitkarte aufstempeln lassen musste.

Wolfgang Ruppert, Die Fabrik, München (Beck) 1983, S. 53, 58.

1 verknüpft 2 Gleichlauf

M6 Die „Pensumidee“

Der amerikanische Ingenieur Frederick Winslow Taylor (1846–1915) schuf die Grundlagen der „wissenschaftlichen Betriebsführung“, die durch Arbeits- und Zeitstudien im Betrieb und am Arbeitsplatz die Effektivität der Produktion erhöhen sollte. Taylor schrieb 1913:

Vielleicht der hervorstechendste Grundzug beim neuen System ist die „Pensumidee“. Die zu leistende Arbeit eines jeden Arbeiters ist von der Leitung wenigstens einen Tag vorher aufs Genaueste ausgedacht und festgelegt. Der Arbeiter erhält ... eine ausführliche schriftliche Anleitung, die ihm bis ins Detail seine Aufgabe, seine Werkzeuge und ihre Handhabung erklärt. Die so im Voraus festgelegte Arbeit stellt somit ein Pensum ... dar.

Frederick W. Taylor, Die Grundsätze wissenschaftlicher Betriebsführung, hg. von Walter Volpert/Richard Vahrenkamp, Weinheim/Basel (Beltz) 1977, S. 41. Deutsche Übersetzung von Rudolf Roesler (1913).

M7 Werbung für Stechuhren, 1922

1 Beschreibe anhand von M1, M8 und M10 Produktion und Verwaltung in einer Fabrik nach 1900.

2 Erarbeite mithilfe von M3 und M5 bis M7 die neue Art der Produktion und Arbeitsorganisation in den Fordwerken und in den Studien von Taylor.

M8 **Schreibsaal,** Foto, 1929. Zentrale Schreibbüros für Maschinenschreiberinnen gehörten zu den Maßnahmen der Rationalisierung in Großbetrieben der 1920er-Jahre.

M9 Massenproduktion und ihre Folgen

Der britische Wirtschaftshistoriker Dudley E. Baines schrieb 1977 über die wirtschaftliche Entwicklung der 1920er-Jahre in den USA:

Die wichtigsten Merkmale des Wirtschaftsaufschwungs waren die Massenfabrikation von Kraftfahrzeugen, besonders von Personenwagen, und die Erzeugung und Verwendung von Elektrizität. Diese beiden Neuerungen haben entscheidend dazu beigetragen, dass auch weiterhin große Kapitalmengen investiert wurden und die Wirtschaft expandierte. Sie haben die Wirtschaft aus vier Gründen beherrscht. Sie waren neu. Ihre Herstellung, besonders die von Kraftfahrzeugen, hatte das Entstehen zahlreicher Zubringer- und Nebenindustrien zur Folge … Das Auto und die billige elektrische Energie erlaubten es dem Verbraucher, sein Einkommen auf neue Art auszugeben. Und schließlich beeinflusste der Erfolg dieser neuen Produkte die Wertvorstellungen und Auffassungen vieler Menschen, die jetzt eine von der Wirtschaft beherrschte Gesellschaft als durchaus wünschenswert akzeptierten … [Es zeigte sich aber auch] das Problem der Massenproduktion: Der niedrige Preis hing davon ab, dass ein standardisiertes Produkt auf einem großen Markt verkauft wurde. Auf die Dauer ließ sich diese Nachfrage nur aufrechterhalten, wenn man das Produkt verbesserte, es dem sich wandelnden Geschmack anpasste und wenn man neue Bedürfnisse im Verbraucher weckte.

Dudley E. Baines, Die Vereinigten Staaten zwischen den Weltkriegen 1914–1941, in: Willi Paul Adams (Hg.), Die Vereinigten Staaten von Amerika, Frankfurt a. M. (Fischer) 1977, S. 291 f.

M10 **Auswirkungen der Elektrifizierung auf industrielle Arbeitsplätze.** Oben: Mechanische Werkstätte der Firma Schuckert & Co., Nürnberg, Foto, um 1900. Unten: Motormontage bei der Firma Opel, Rüsselsheim, Foto, 1927

3 Analysiere M4. Achte besonders auf die Textart und die verwendeten sprachlichen Mittel.

4 Beurteile anhand der Materialien auf den Seiten 32 bis 37 Folgen des Massenkonsums und der Massenproduktion aus der Perspektive der Unternehmer, der Arbeiter und Angestellten, des Handels und der Konsumenten. Achte besonders auf M2 und M9.

Zwischen Tradition und Moderne

Die 1920er-Jahre – schneller Wandel

Die Zeit nach dem Ersten Weltkrieg war nicht nur politisch und wirtschaftlich, sondern auch sozial und kulturell eine Phase des schnellen Wandels. Im „Zeitalter der Moderne" veränderten sich die Arbeits- und Wohnwelt, das Alltagsleben, die Kunst und die Architektur. Nicht alle Menschen und gesellschaftlichen Gruppen waren bereit, die Veränderungen zu akzeptieren oder sich den veränderten Lebensverhältnissen anzupassen. Sehnsüchte nach der „alten" (Vorkriegs-)Gesellschaft und Abwehrhaltungen gegenüber den Neuerungen führten zu gesellschaftlichen Konflikten. Worauf beruhten beide Einstellungen und welche Spannungen zeigten sich? An den Bereichen Sozialpolitik, Bildung und Schule, Architektur und Wohnen sowie Kunst und Literatur könnt ihr diese Fragen untersuchen. Vorschläge für eine Gruppenarbeit findet ihr auf S. 43.

M1 Sozialpolitik und Wirtschaft

Der Wirtschafts- und Sozialhistoriker Volker Hentschel schrieb 1988:

Die Erweiterung und Verdichtung des Netzes der sozialen Sicherung war wohltuend, aber auch teuer gewesen. Die Beiträge zu den drei überlieferten Sozialversicherungen stiegen von acht Prozent des Bruttolohns in den letzten Vorkriegsjahren auf 12,5 Prozent im Jahr 1929. Dazu kamen drei Prozent Arbeitslosenversicherungsbeitrag. Überdies nahmen die Staatszuschüsse kräftig zu … Die gesamte soziale Sicherung kostete die Volkswirtschaft … über neun Milliarden Reichsmark. Das war real fünfmal so viel wie 1913 und entsprach knapp 13 statt gut zwei Prozent des Volkseinkommens. Dieser außerordentliche Anstieg hatte sich in einer Volkswirtschaft vollzogen, die unterdessen nicht gewachsen war, sondern kaum das Volkseinkommensniveau des letzten Vorkriegsjahres wiedererlangt hatte … [Als erste Folge] brachte es die Unternehmer gegen die soziale Sicherung, das Tarif- und Schlichtungswesen und das gesamte politische System auf. Und zweitens schwächte es die Erholungs- und Wachstumskräfte der erschütterten Wirtschaft.

Volker Hentschel, Die Sozialpolitik in der Weimarer Republik, in: Karl Dietrich Bracher u. a. (Hg.), Die Weimarer Republik, 2. Aufl., Bonn (Bundeszentrale für politische Bildung) 1988, S. 214 f.

M2 Die Hufeisensiedlung Berlin-Britz (erbaut 1925–1931), Foto, 1976. Die Wohnsiedlung Britz, entworfen von den Architekten Bruno Taut und Martin Wagner, galt als wegweisende Form des sozialen Wohnungsbaus in der Weimarer Republik.

M3 Wohnbedingungen 1923

Aus der Zeitschrift „Soziale Praxis", Berlin, 1923:

Familie M.: 2 Dachzimmer und Küche, 10 Personen. Die Wohnung ist eng und feucht, doch sauber gehalten. Ein Mädchen von 15 Jahren und ein Knabe von 11 Jahren teilen ein Bett. Je zwei Mädchen und zwei Buben gleichfalls. Säugling und Kleinkind haben eigene Schlafgelegenheit. Mehrere Kinder sind wegen Tuberkulose in Behandlung bzw. vom Schulbesuch ausgeschlossen.

Zit. nach Torsten Palmér/Hendrik Neubauer, Die Weimarer Zeit in Pressefotos und Fotoreportagen, Köln (Könemann) 2000, S. 167.

Sozialpolitische Reformen 1918–1927

1918 Acht-Stunden-Arbeitstag wird eingeführt.
1919 Gewerkschaften werden als gleichberechtigte Tarifpartner der Arbeitgeberverbände anerkannt.
1920 Das Betriebsrätegesetz regelt die Mitsprache der Beschäftigten in Betrieben mit mehr als 20 Beschäftigten; das Grundschulgesetz führt die gemeinsame Schule in den Klassen 1 bis 4 ein.
1923 Ein Mieterschutzgesetz schützt vor ungerechtfertigten Kündigungen durch die Vermieter.
1924 Die staatliche Fürsorge ersetzt die Armenpflege der Städte und Gemeinden.
1927 Arbeits- und Kündigungsschutz für werdende und stillende Mütter wird eingeführt; gesetzliche Arbeitslosenversicherung wird eingerichtet.

M4 **„Berlin – 13 Uhr“**, Zeichnung von Hans Baluschek, 1931

M5 „Das ist jetzt Modefarbe“

Aus dem Roman „Das kunstseidene Mädchen“ (1932) der damals 22-jährigen Schriftstellerin Irmgard Keun:

Ich hatte einen angenehmen Tag, weil der Letzte ist und Geldkriegen einem mit am meisten guttut, trotzdem ich von 120 … 70 abgeben muss, was mein Vater doch nur versäuft, weil er jetzt arbeitslos ist und nichts anders zu tun hat. Aber von meinen 50 Mark hatte ich mir gleich einen Hut mit Feder gekauft – dunkelgrün – das ist jetzt Modefarbe und steht mir herrlich zu meinem erstklassigen rosa Teint. Und ist schief auf der Seite zu tragen – kolossal fesch – und ich hatte mir bereits einen dunkelgrünen Mantel machen lassen – streng auf Taille und mit Fuchsbesatz – ein Geschenk von Käsemann, der mich durchaus beinahe heiraten wollte. Aber ich nicht. Weil ich doch auf die Dauer zu schade bin für kleine Dicke, die noch dazu Käsemann heißen. Und nach dem Fuchs hab ich Schluss gemacht … Und nu sitz ich hier in einem Kaffee – Tasse Kaffee kann ich mir heute auf eigne Faust leisten. Die Musik spielt, was ich gern höre: Zigeunerbaron oder Aida – kommt ja nich so drauf an.

Irmgard Keun, Das kunstseidene Mädchen, Bergisch Gladbach (Lübbe) 1980, S. 101 f.

M6 Eine „Neue Frau“?

Die Historikerin Karen Hagemann schrieb 1990 über Arbeiterfrauen in der Weimarer Republik:

Teil des noch heute vorherrschenden Bildes von der Weimarer Republik ist die „Neue Frau“ als Prototyp[1] der … Emanzipation* des weiblichen Geschlechts in der damaligen Zeit … Die Analyse des Frauenalltags … in dieser Zeit zeigt, dass dieses Bild nur einen kleinen Ausschnitt der Realität trifft. Der Handlungsspielraum der Masse der Mädchen und Frauen aus der Arbeiterschaft blieb in der Weimarer Republik trotz aller rechtlichen und sozialen Reformen außerordentlich beschränkt … Insgesamt scheinen [aber] die Handlungsspielräume der jüngeren Frauengenerationen, die seit der Jahrhundertwende geboren worden waren, größer gewesen zu sein als die der älteren Frauengenerationen … [Ältere] Frauen stellten … unverändert die größte Gruppe der Armen, die auf die öffentliche Fürsorge angewiesen waren.

Karen Hagemann, Frauenalltag und Männerpolitik, Bonn (Dietz) 1990, S. 639 ff.

1 Muster, Inbegriff

M7 **Frauen in bis dahin nicht üblicher Sportmode,** Foto, 1927. Fotos wie diese galten als Beleg für die „Neue Frau“ in der Gesellschaft der 1920er-Jahre.

M8 Erwerbstätige Frauen und ihre Tätigkeiten 1882–1933

	1882	*1907*	*1925*	*1933*
Anteil der erwerbstätigen Frauen an der Gesamtzahl der Frauen	33,8	31,2	35,6	34,2
davon tätig als				
mithelfende Familienangehörige	40,7	35,2	36,0	36,1
Dienstmädchen/Hausangestellte	17,9	16,1	11,4	10,5
Arbeiterinnen				
in Industrie und Handel	11,8	18,3	23,0	22,9
in der Landwirtschaft	15,5	14,5	9,2	7,5
Angestellte und Beamtinnen	1,7	6,5	12,6	14,8
Selbstständige	12,3	9,2	7,7	8,0

Zusammengestellt nach Ute Frevert, Frauen-Geschichte zwischen bürgerlicher Verbesserung und neuer Weiblichkeit, Frankfurt a. M. (Suhrkamp) 1986, S. 290.

M10 Schülerarbeit mit dem Mikroskop. Neue Unterrichtsmethode in der Versuchsvolksschule Hellerau bei Dresden, Foto, 1928

M9 Ein Mädchen im Knabengymnasium?

Erika Fuchs, die deutsche Übersetzerin von „Donald Duck" und anderen Comics von Walt Disney, erinnerte sich an ihre Schulzeit in Belgard (Hinterpommern; im heutigen Polen), wo sie 1927 Abitur machte:

Für Mädchen gab es nur die Töchterschule, die ein schlichtes Bildungsniveau hatte … Eines Tages bekamen wir eine richtige Studienrätin, bei der wir Geschichte hatten. Dieser Unterricht war für uns eine Offenbarung. Wirklich. Wir haben diese Lehrerin geliebt. Und mir wurde zum ersten Mal klar, dass Frauen auch etwas werden können. Da beschloss ich, die Töchterschule nicht länger zu besuchen, sondern aufs Knabengymnasium zu gehen, das gleich nebenan lag. Mein Bruder war dort, obwohl er zum Lernen keine Lust hatte. Mein Wunsch nach Schulwechsel wurde dann ein richtiges Politikum[1]. Zwar waren meine Eltern auf meiner Seite, doch musste der Stadtrat zu dieser unerhörten Sache seine Einwilligung geben. Es war ein städtisches Gymnasium. Die deutschnationalen[2] Freunde meines Vaters waren ganz dagegen. Sie malten sich die schlimmsten Situationen aus. Ein Mädchen unter lauter Jungen. Die Sozialdemokraten, die in der Mehrheit waren, dachten fortschrittlicher. Sie erlaubten mir, obwohl ich die Tochter eines Bürgerlichen war, den Übertritt in das Knabengymnasium.

Zit. nach A. Scheib, Die Dolmetscherin des schrägen Vogels, in: Süddeutsche Zeitung, 13./14. Dezember 1986.

1 Vorgang von politischer Bedeutung
2 Anhänger der DNVP

M11 Verachtung für die Gegenwart?

Der Schriftsteller Herbert Günther (geboren 1906) erinnerte sich 1957 an seine Schulzeit:

Und die Schule? Sie tat, als berühre sie das alles nicht. Krieg, Revolution, Aufstände, Straßenkämpfe, Massenstreiks, Hungersnot, Inflation – alles prallte an diesen Wänden ab, als sei nichts geschehen … Wir trugen als Primaner[1] Milliarden in der Tasche, sollten uns aber für die Zahlen der Logarithmentafel interessieren … Eine überalterte Lehrergeneration war weder willens noch fähig, der heranwachsenden Jugend das Verständnis ihrer unruhigen Zeit zu erleichtern … Sie lebte in den Begriffen der vergangenen Epoche. Alles, was danach kam, war ihr verachtungswürdig. Sie war blind für das Bemühen der Republik, aus dem schweren Erbe eines nicht von ihr verlorenen Krieges zu neuer Lebensform zu finden, freute sich hämisch jeder Niederlage der neuen Männer, ohne zu ahnen, was sie einmal verdrängen würde.

Herbert Günther, Drehbühne der Zeit – Freundschaften, Begegnungen, Schicksale. Zit. nach Historisches Lesebuch 3, 1914–1933, hg. von Georg Kotowski, Frankfurt a. M. (Fischer) 1968, S. 245 f.

1 Prima: 12./13. Klasse im Gymnasium

Das Bauhaus – Symbol der Moderne

1919 gründete der Architekt Walter Gropius (1883 bis 1969) in Weimar das Staatliche Bauhaus – eine Schule für Architekten, Künstler und Designer. 1925 wurde die Schule wegen Querelen mit der neuen konservativen Regierung in Thüringen nach Dessau verlegt. Vom Bauhaus gingen nachhaltige Wirkungen auf die moderne Architektur, Wohnraumgestaltung, Industrieformen und Kunstpädagogik aus. Hier konnten Künstler mit ihren Zukunftsvisionen experimentieren. Die Architektur, geprägt von Klarheit, Helligkeit und Funktionalität, setzte neue Maßstäbe, die auch anregend auf den sozialen Wohnungsbau wirkten. 1933 wurde das Bauhaus von den Nationalsozialisten zerschlagen.

M12 **Wohnküche,** Foto, um 1929

M13 Die Moderne am Beispiel des „Bauhauses"

Wolfgang Thöner, wissenschaftlicher Mitarbeiter der heutigen Stiftung Bauhaus Dessau, schrieb 2002 über die Architektur der jetzt unter Denkmalschutz stehenden Meisterhäuser (= Wohnhäuser mit Ateliers der damaligen Lehrer – „Meister" – der Bauhaus-Schule):

Die Meisterhäuser waren ein Bekenntnis zu Typisierung und Normierung eines industrialisierten Bauens … So kamen z. B. so genannte „Jurko-Steine" zum Einsatz, aus Zement, Schlacke und Sand gepresste Bauelemente von solcher Größe und Gewicht, dass sie noch von Hand versetzt werden konnten. Typisierung und Normierung waren eher am Grundriss und an Teilen der Inneneinrichtung auszumachen, zu der Heizungsradiatoren von Junkers, Türgriffe von Walter Gropius, Möbel von Marcel Breuer und Lampen von Marianne Brandt gehörten … die Meisterhäuser [sind] das Ergebnis eines Suchprozesses nach dem zeitgemäßen einzeln stehenden Wohnhaus zwischen Landhaus und Villa.

Wolfgang Thöner, Das Bauhaus wohnt, Dessau/Leipzig (Stadt Dessau/E. A. Seemann Verlag) 2002, S. 9.

M14 **Doppelwohnhaus der Bauhaus-Meistersiedlung Dessau,** Postkarte der Fotografin Lucia Moholy, 1926

M15 **Die „Frankfurter Küche"**, Foto, 1926. Die Modellküche wurde 1926 von ihrer Schöpferin, Grete Schütte-Lihotzky (1900–2000), auf einer Ausstellung des Hausfrauenbundes in Frankfurt vorgestellt. Sie sollte die alte Wohnküche, die teilweise auch als Schlafstätte diente, ablösen und nur als „Arbeitsküche" dienen. In ähnlichen Formen setzte sie sich erst nach dem Zweiten Weltkrieg durch, als in kurzer Zeit viel Wohnraum geschaffen werden musste und der Küchenteil auf etwa acht Quadratmeter beschränkt wurde.

M16 **„Berliner Straßenszene"**, Gemälde von Nikolaus Braun, 1921

M17 „Rumm rumm haut die Dampframme …"

Der Schriftsteller Alfred Döblin beschrieb in seinem Roman „Berlin Alexanderplatz" 1929 die Vorgänge und die Atmosphäre auf dem Alexanderplatz:

Rumm rumm wuchtet vor Aschinger[1] auf dem Alex die Dampframme. Sie ist ein Stock hoch und die Schienen haut sie wie nichts in den Boden.

Eisige Luft, Februar. Die Menschen gehen in Mänteln. Wer einen Pelz trägt, trägt ihn, wer keinen hat, trägt keinen. Die Weiber haben dünne Strümpfe und müssen frieren, aber es sieht hübsch aus. Die Penner haben sich vor der Kälte verkrochen. Wenn es warm ist, stecken sie wieder ihre Nasen raus. Inzwischen süffeln sie doppelte Ration Schnaps, aber was für welchen, man möchte nicht als Leiche drin schwimmen.

Rumm rumm haut die Dampframme auf dem Alexanderplatz. Viele Menschen haben Zeit und gucken sich an, wie die Ramme haut. Ein Mann oben zieht immer eine Kette, dann pafft es oben und ratz hat die Stange eins auf den Kopf … Wie die Bienen sind sie über den Boden her. Die basteln und murksen zu Hunderten rum den ganzen Tag und die Nacht. Ruller ruller fahren die Elektrischen. Gelbe mit Anhängern, über den holzbelegten Alexanderplatz, Abspringen ist gefährlich. Der Bahnhof ist breit freigelegt, Einbahnstraße nach der Königstraße an Wertheim vorbei … Über den Damm, sie legen alles hin, die ganzen Häuser an der Stadtbahn legen sie hin, woher sie das Geld haben, die Stadt Berlin ist reich, und wir bezahlen die Steuern … Frühmorgens kommen die Arbeiter angegondelt, von Reinickendorf, Neukölln, Weißensee. Kalt oder nicht kalt, Wind oder nicht Wind, Kaffeekanne her, pack die Stullen ein, wir müssen schuften, oben sitzen die Drohnen, die schlafen in ihren Federbetten und saugen uns aus.

Alfred Döblin, Berlin Alexanderplatz, 24. Aufl., München (dtv, ©Walter-Verlag, Olten) 1980, S. 144 f.

1 Café und Restaurant auf dem Alexanderplatz

M18 **„Fünf Frauen vor dem Schaufenster in einer Großstadt“**, Gemälde von Richard Ziegler, 1927/28

M20 **Ohne Titel,** Gemälde von George Grosz, 1920

M19 „Städter“

Der Schriftsteller Alfred Wolfenstein (1888–1945) in einem Gedicht:

Nah wie die Löcher eines Siebes stehn
Fenster beieinander, drängend fassen
Häuser sich so dicht an, dass die Straßen
Grau geschwollen wie Gewürgte stehen.

Ineinander dicht hineingehakt
Sitzen in den Trams wie zwei Fassaden
Leute, wo die Blicke eng ausladen
Und Begierde ineinander ragt.

Unsre Wände sind so dünn wie Haut,
Dass ein jeder teilnimmt, wenn ich weine,
Flüstern dringt hinüber wie Gegröle:

Und wie stumm in abgeschlossner Höhle
Unberührt und ungeschaut
Steht doch jeder fern und fühlt: alleine.

Menschheitsdämmerung, hg. von Kurt Pinthus, Reinbek (Rowohlt) 1959, S. 45.

Vorschläge für Gruppenarbeit

1. Beschreibt die Entwicklungen in den folgenden Bereichen und fasst sie zusammen:
I. Sozialpolitik (S. 38)
II. Die „Neue Frau“ (S. 39 und S. 40, M8)
III. Bildung und Schule (S. 40, M9 bis M11)
IV. Architektur und Wohnen (S. 41)
V. Kunst und Literatur (S. 42/43)

2. Bereitet Diskussionen zu folgenden Fragestellungen vor und führt sie durch:
a) Arbeitet Ansätze der „Moderne“ einerseits und der Tradition bzw. des Widerstandes gegen die „Moderne“ andererseits heraus (S. 38–43).
b) Was erscheint euch heute an der „Moderne“ der Weimarer Zeit noch „modern“, was nicht? Was hat sich weiter verändert in den Bereichen I. bis V. (siehe Vorschlag 1)?

Die Weimarer Republik – ein Überblick

Novemberrevolution und Gründung der Republik

Die Weimarer Republik „begann“ im Bewusstsein der Öffentlichkeit am 9. November 1918, dem Tag der „Novemberrevolution“, an dem in Berlin die Republik zweimal ausgerufen wurde und Kaiser Wilhelm II. in die Niederlande floh. Dieser Tag hat jedoch eine bedeutende Vor- und Nachgeschichte, die zeigt, dass die Weimarer Republik nicht an einem Tag „entstand“:

– Im Oktober 1918 war aus der konstitutionellen Monarchie eine parlamentarische geworden mit der Verantwortung des Reichskanzlers nicht mehr gegenüber dem Kaiser, sondern gegenüber dem Parlament. Ausgelöst durch Proteste der Matrosen gegen die Fortführung des offensichtlich verlorenen Krieges, kam es seit Ende Oktober 1918 zu einer Aufstandsbewegung, die sich innerhalb weniger Tage über ganz Deutschland ausbreitete und in der Forderung nach einer Räterepublik auf der Basis von Arbeiter- und Soldatenräten gipfelte.

– Auch die Wahlen zur verfassunggebenden Nationalversammlung am 19. Januar 1919 oder der 14. August 1919, an dem die Weimarer Verfassung in Kraft trat, könnten als „Gründungsdaten“ der Republik gesehen werden.

Die „Eindämmung“ der Revolution vom November 1918 gelang der SPD-Führung, die mit Friedrich Ebert seit dem 9. November den Reichskanzler einer aus SPD und USPD gebildeten Übergangsregierung stellte, mithilfe von regulären Heeresverbänden und Freikorps, die linksradikale Aufstände im Januar 1919 niederschlugen.

Das Wahlergebnis zur Nationalversammlung bestätigte, was sich schon seit dem Herbst 1918 abgezeichnet hatte: die Mehrheit (Regierung) bildeten politisch gemäßigte Kräfte, nämlich die so genannte Weimarer Koalition aus SPD, DDP und Zentrum. Mit ihren Stimmen wurde auch die Verfassung angenommen, die Deutschland zu einer parlamentarischen Republik machte – mit einem Reichspräsidenten an der Spitze, der über große Machtbefugnisse verfügte.

M1 Karikatur von Thomas Theodor Heine aus der Zeitschrift „Simplicissimus“ von 1927. Die Bildunterschrift lautet: „Sie tragen die Buchstaben der Firma – aber wer trägt den Geist?“

Die Revolution in Bayern

In Bayern verlief die Revolution nach ähnlichem Muster wie im Reich. Verschärfend kam das Gefühl hinzu, im Kaiserreich unter einer preußischen Dominanz gestanden zu haben. Die auf einen Arbeiter- und Soldatenrat gestützte Regierung Eisner aus USPD und SPD stürzte die Wittelsbacher Monarchie, scheiterte jedoch an ihrem unklaren politischen Kurs, was sich bei den Landtagswahlen im Januar 1919 zeigte. Mit der Ermordung Eisners durch einen reaktionären Attentäter radikalisierte sich die Lage, sodass es dem mit der Regierungsbildung beauftragten SPD-Politiker Hoffmann nicht gelang, eine stabile demokratische Ordnung aufzubauen. Erbitterte Kämpfe zwischen linksradikalen Revolutionären („Roten“) und Freikorps sowie Truppen der Reichsregierung („Weißen“) forderten mehr als 1000 Todesopfer. Erst allmählich gelang eine Stabilisierung der Lage im Sinne der Gemäßigten. Mit der Verabschiedung der neuen Verfassung im August 1919 wurde Bayern ein demokratischer Freistaat.

9. 11. 1918
- Ausrufung der Republik

15. 1. 1919
- Mord an Rosa Luxemburg und Karl Liebknecht

19. 1. 1919
- Wahlen zur Nationalversammlung

14. 8. 1919
- Weimarer Verfassung

13. 3. 1920
- Kapp-Lüttwitz-Putsch

Innenpolitische Belastungen und Gefahren

Die Weimarer Demokratie war nicht nur in ihrer Entstehungsphase, sondern auch in den folgenden Jahren durch politische und wirtschaftliche Krisen belastet. Verschärft wurde die Lage durch den Versailler Vertrag, der in Deutschland weithin als Diktatfrieden empfunden wurde und für den fälschlicherweise die junge Demokratie und ihre Politiker verantwortlich gemacht wurden. Im März 1920 kam es zum so genannten Kapp-Lüttwitz-Putsch, der am Generalstreik und am passiven Verhalten der Ministerialbürokratie scheiterte. Die Reichswehrführung verweigerte der Regierung den militärischen Schutz. Das Krisenjahr 1923 zeigte dann die instabile Lage in voller Schärfe: Im Januar 1923 besetzten französische und belgische Truppen wegen ausstehender Reparationszahlungen das Ruhrgebiet. In Sachsen und Thüringen kam es zum Aufstand kommunistischer Kräfte, der durch Reichswehrtruppen niedergeschlagen wurde. In München misslang im November 1923 der so genannte Hitlerputsch. Nahezu alle Schichten der Bevölkerung waren von der Inflation betroffen, die 1923 zum völligen Verfall der Währung führte. Eine andauernde Gefahr für die Republik stellten ihre Gegner dar: antiparlamentarische Gruppen der radikalen Rechten und Linken, nationalistische, monarchistische und antisemitische Kräfte.

Deutsche Außenpolitik – Kontinuität und Wandel

Die deutsche Außenpolitik wandelte sich vom Kaiserreich zur Weimarer Republik von einer „Bündnis- und Gleichgewichtspolitik" unter Bismarck über den Anspruch einer „Weltpolitik" unter Kaiser Wilhelm II. zu einer „Verständigungs- und Revisionspolitik" in der Weimarer Republik. Gemeinsam war allen „Modellen" das Ziel, Deutschland eine Rolle als europäische Großmacht zu sichern.

Gesellschaft im Auf- und Umbruch

Massenkonsum und Massenproduktion veränderten die Lebens- und Arbeitsverhältnisse, für die als Beispiele das Warenhaus und der industrielle Großbetrieb (die Fabrik) stehen können. Die Spannungen zwischen Tradition und Moderne lassen sich am Wandel der Frauenrolle, an den sozialpolitischen Reformen der 1920er-Jahre, am Wandel der Wohnverhältnisse und der Bildung sowie an der Entwicklung von Architektur, Kunst und Literatur erkennen.

Wir wiederholen Begriffe und Methoden

Grundwissen

1918: Novemberrevolution	S. 9
1923: Hitlerputsch	S. 21

Methoden

Politische Plakate untersuchen	S. 10 f.
Im Archiv recherchieren	S. 22 f.

1 Interpretiere M1 mithilfe der Methode „Karikaturen entschlüsseln".

2 Prüfe, ob sich die Aussage der Karikatur in der Zusammenfassung wiederfinden lässt.

1922
- Vertrag von Rapallo

1923
- Besetzung des Ruhrgebiets
- Inflation, Währungsreform

8./9.11.1923
- Hitlerputsch

1925
- Vertrag von Locarno

Die Jugendbewegung nach 1900

Auf der Suche nach Lebenssinn und Identität

Am 11./12. Oktober 1913 trafen sich etwa 3000 junge Menschen zu einem „Freideutschen Jugendtag" auf dem Hohen Meißner, einem Berg bei Kassel. Dort wollten sie zur Erinnerung an den Sieg über Napoleon vor 100 Jahren ein Fest feiern, das sie als Gegenveranstaltung zu den vaterländischen Jubiläumsfeierlichkeiten verstanden. In einer berühmt gewordenen Selbstverpflichtungsformel gelobten sie unter anderem: „Die Freideutsche Jugend will aus eigener Bestimmung, vor eigener Verantwortung, mit innerer Wahrhaftigkeit ihr Leben gestalten. Für diese innere Freiheit tritt sie unter allen Umständen geschlossen ein." Die sich hier versammelt hatten, waren ein Teil der deutschen Jugendbewegung, deren Anfänge in den „Wandervogel"-Gruppen liegen. Sie organisierten sich seit etwa 1900 als Jungen- und seit 1905 auch als Mädchengruppen. Bis zum Ersten Weltkrieg waren etwa 25 000 Jugendliche in Deutschland Mitglied in Wandervogelgruppen. Sie entstammten zumeist Familien der Oberschicht. Ihre Begeisterung für ein naturnahes Leben schlug 1914 teilweise in Kriegsbegeisterung um.

Die Jugendbünde der Weimarer Republik (1919 bis 1933) bildeten größere Organisationen, trugen einheitliche Fahrtenkleidung und kritisierten in großen Teilen die junge Weimarer Demokratie mit ihrer Parteien- und Interessenvielfalt, indem sie ihr das Streben nach „Gemeinschaft" und „Unterordnung" entgegensetzten.

M1 **Wandern in der Natur,** Foto, 1926

M2 Das Lagerleben als „Schmelztiegel"

Aus dem Bericht über das Arbeitslager der Jungmannschaft des „Bundes der Wandervögel und Pfadfinder", 1926:

Körperarbeit war ... die entscheidende Grundlage des Zusammenlebens ... Das Lager war ein großer Schmelztiegel, in dem sich die meisten schon als Glieder von Gruppen, nur wenige als einzelne Privatmenschen zusammenfanden ... Das gemeinsame Singen und die Musikübungen im Lager stellten das geformte und daher Formungskraft ausstrahlende Tönen mitten in das Leben der Lagergemeinschaft hinein ... Das falsche Bild einer blassen Universitätsgeistigkeit wurde langsam und sicher zurückgedrängt gegen das frische Bild des deutschen Burschen, der wieder in seinem Volke steht und ihm fröhlich zugewandt lebt. Körperarbeit, Sprache, Musik, Bewegungsspiel und durch gewissenhaften Lagergehorsam praktisch geübter „Staat" waren die Einkleidungen unserer Geistigkeit.

Zit. nach Werner Kindt (Hg.), Die deutsche Jugendbewegung 1920 bis 1933. Die bündische Zeit, Düsseldorf (Diederichs) 1974, S. 1061 f.

M3 Wandervogelmädchen lernen fliegen

Erste Versuche, das „Mädchenwandern" zu organisieren, gab es um 1905 mit dem „Bund der Wanderschwestern". Stärker als die Jungen mussten sich Mädchen ihr Recht auf Wanderungen und Fahrten erkämpfen. Eine unbekannte Frau erzählt im Rückblick:

Aber – die Mädchen werden so eigensinnig im Wandervogel! Sie wollen sich nicht mehr kleiden, wie die Mutter es wünscht. Sie haben ihre eigenen Ansichten über Ernährung. Sie wollen keine Tanzstunden mitmachen. Sie setzen sich nicht in das Kaffeekonzert: Ja, Korsett und Stöckelschuhe, Hutungetüme und enge Röcke haben die Wandervogelmädchen mit einer Selbstverständlichkeit beiseitegesetzt, gegen die alle mütterlichen Einsprüche nichts verschlagen.

Das Wandervogelbuch (1923). Zit. nach Praxis Geschichte, H. 1, 1997, S. 35.

M4 „Jungdeutsch heißt stark und echt sein“

In der Jugendorganisation der „Jungdeutschen“ sammelten sich von 1919 bis 1923 die bürgerlichen „bündischen“ Anhänger der Jugend- und Wandervogelbewegung, vor allem Gymnasiasten und Studenten:

Jungdeutsch heißt stark und echt sein
in Wort und Tun!
Jungdeutsch heißt keines Knecht sein
und nimmer ruhn!
Jungdeutsch: in völkisch Wesen
verwurzelt stehn!
Für seines Volkes Genesen
den Dompfad gehn!
Da sprenget jede Schranke,
die hemmend trennt,
der einende Gedanke,
der in uns brennt!
So wollen wir in Treue
fest vorwärts schaun,
unseres Volkes neue
Gemeinschaft baun!

Wahlspruch der „Jungdeutschen“ von Reinhard Neubert

M6 Zahl der in Verbänden organisierten Jugendlichen in der Weimarer Republik, 1927

Evangelische Verbände	595 000
Katholische Verbände	881 000
Jüdische Verbände	4 000
Sozialistische Verbände	56 000
Berufsverbände	401 000
Politische Verbände	44 000
Bündische Gruppen	29 000
Sportverbände	1 577 000
Sonstige Verbände	544 000

M7 Der Krieg – als „große Fahrt“? Scherenschnitt, 1914

M5 Die Jugendbewegung – Teil der Moderne?

Der Historiker Jürgen Reulecke schrieb 1996 über die Bedeutung der Jugendbewegung im ersten Drittel des 20. Jahrhunderts:

Ihre tatsächliche Bedeutung scheint … vor allem in dem Bereich zu liegen, der grob mit den Begriffen Menschenbild und Menschenbildung beschrieben werden kann. Die jungen Menschen, die sich einige Zeit ihres Lebens den Lebensformen und Idealen der Jugendbewegung verschrieben und gleichzeitig diese Bewegung durch ihr Mitmachen aktiv gefördert haben, waren keine … elitären Sonderlinge mit einer antimodernen Grundeinstellung. Im Gegenteil: Sie leisteten auf ihre Weise einen wichtigen Beitrag zur Moderne. Die im Wesentlichen mit den geläufigen Begriffen Rationalität, Bürokratisierung, Zweckhaftigkeit, technisch-ökonomischer Fortschritt, Massenkonsum u. Ä. beschriebene Modernität besitzt ja … an sich ein ausgeprägtes Janusgesicht[1].

Jürgen Reulecke, Was bewegte(n) die Bewegten?, in: Geschichtsbuch, Bd. 2, hg. von Hilke Günther Arndt u. a., Berlin (Cornelsen) 1996, S. 59.

1 nach dem altrömischen Gott Janus, der als Gott des Torbogens nach außen und innen schauend mit einem Doppelantlitz dargestellt wurde

1 Erarbeite anhand des Darstellungstextes und M1 bis M3 Anfänge, Merkmale und Ziele der Jugendbewegung.
2 Vergleiche das Lagerleben und seine Ziele in M2 mit den Anfängen der Wandervogelbewegung. Achte besonders darauf, wogegen sich der Bund richtete.
3 Erläutere und problematisiere: Der Krieg – als „große Fahrt“? (M7).
4 Analysiere M4 und erörtere, welches Selbstverständnis bei den „Jungdeutschen“ erkennbar wird.
5 Untersuche anhand von M5, wie der Autor die Jugendbewegung beurteilt. Ziehe die Seiten 38 bis 43 heran, kläre das „Janusgesicht der Moderne“ und nimm zur Position des Autors Stellung.

Die Weimarer Republik

M1 Ein Blick auf Deutschland im Jahre 1923

Aus der Tagebuchaufzeichnung des britischen Botschafters, Lord d'Abernon, Berlin am 20. Januar 1923:

1A Von Tag zu Tag erstarkt bei allen Klassen in Deutschland das Bewusstsein, dass man nicht nachgeben soll und darf. Ich kann mich nicht erinnern, dass es je so wenig Parteifeindschaft und Klassenhass gab wie heute. Die Rechte und die Linke in Deutschland ist sonst gewohnt, sobald ein Druck auf ihr lastet, sich gegenseitig anzugreifen, aber bei dieser Gelegenheit ist dieser natürliche Hang unterdrückt worden, und selbst die unabhängigen Sozialisten unterstützen zuverlässig die Regierung.

Zit. nach Geschichte in Quellen, Bd. 5, bearb. v. Günter Schönbrunn, München (bsv) 1961, S. 184.

Lord d'Abernon in einer Tagebuchaufzeichnung vom 31. Dezember 1923:

1B Nun geht das Krisenjahr zu Ende. Die inneren und äußeren Gefahren waren so groß, dass sie Deutschlands ganze Zukunft bedrohten. Eine bloße Aufzählung der Prüfungen, die das Land zu bestehen hatte, wird einen Begriff davon geben, wie schwer die Gefahr, wie ernst der Sturm war. Obwohl ich diesen ganzen Zeitraum miterlebte und mich an manchen Ereignissen aktiv beteiligte, habe ich nicht immer im Augenblick erfasst, wie schicksalsschwer die Lage war. Wenn man zurückblickt, sieht man klarer, wie nah dieses Land am Abgrund stand.

In den zwölf Monaten vom Januar bis heute hat Deutschland die folgenden Gefahren überstanden:
die Ruhrinvasion;
den kommunistischen Aufstand in Sachsen und Thüringen[1];
den Hitlerputsch in Bayern;
eine Wirtschaftskrise ohnegleichen;
die separatistische Bewegung im Rheinlande[2].

Jeder einzelne dieser Faktoren, falls er sich ausgewirkt hätte, würde eine grundlegende Veränderung entweder in der inneren Struktur des Landes oder in seinen Beziehungen nach außen herbeigeführt haben. Jeder dieser Gefahrenmomente, falls er nicht abgewendet worden wäre, hätte jede Hoffnung auf eine allgemeine Befriedung vernichtet. Politische Führer in Deutschland sind nicht gewohnt, dass ihnen die Öffentlichkeit Lorbeeren spendet, und doch haben diejenigen, die das Land durch diese Gefahren hindurchgesteuert haben, mehr Anerkennung verdient, als ihnen zuteilwerden wird.

Zit. nach Wolfgang Michalka und Gottfried Niedhart, Die ungeliebte Republik, 3. Aufl., München (dtv) 1984, S. 95.

1 Konflikt der sächsischen und thüringischen KPD-Minister mit der Reichsregierung, die die SPD-KPD-Landesregierung am 29. 10. 1923 absetzte.
2 Die Ausrufung einer von Frankreich unterstützten „Rheinischen Republik" am 21. Oktober 1923 scheiterte am Widerstand der Reichsregierung.

M2 Werbeplakat des Rates der Volksbeauftragten zur Nationalversammlung am 19. Januar 1919

1. Fasse zusammen, wie der britische Botschafter zu Beginn und am Ende des Jahres 1923 die Lage in Deutschland sieht (M1A, M1B).
2. Erläutere die von d'Abernon angeführten Gefahren und deren Bewältigung durch die Reichsregierung. Lies auf den Seiten 18 bis 27 nach.
3. Erläutere den letzten Satz in M1B. Suche Beispiele aus dem Kapitel, die die Aussage d'Abernons stützen.
4. Analysiere M2 mithilfe der Arbeitsschritte S. 10. Lies im Kapitel S. 6 bis 27 nach.
5. Erläutere: Gesellschaft zwischen Tradition und Moderne. Nimm evtl. die Seiten 32 bis 43 zu Hilfe.